Cinquante
Merveilleux Secrets
d'Alchimie

Copyright © 2018

Éditions Unicursal Publishers
www.unicursalpub.com

ISBN 978-2-924859-69-8

Première Édition, Litha 2018

Tous droits réservés pour tous les pays.

PHANEG
(Georges Descormiers)
Professeur à l'École Hermétique de Paris

Cinquante Merveilleux Secrets

d'Alchimie

AVEC UNE ÉTUDE-PRÉFACE DE PAPUS

1912

UNICURSAL

LETTRE PRÉFACE

MON CHER AMI,

Vous venez du composer un travail sur l'Alchimie pratique, ou mieux sur les éléments premiers des recherches alchimiques et vous me demandez de le présenter à nos habituels lecteurs.

L'Alchimie est une haute philosophie qui se libère aisément des expériences de laboratoire. L'expérience pour l'alchimiste est seulement la présentation sur le plan matériel d'une théorie astrale ou d'un appel de forces spirituelles.

La Palingénésie, les lampes au radium, les résurrections d'astraux sont les véritables travaux pratiques des alchimistes assistés par des guides spirituels.

Mais ces travaux pratiques de haute spiritualité ne peuvent, s'accomplir sans un entraînement matériel, qui diffèrent des travaux courants de nos chimistes les plus éminents. Ce sont ces travaux que vous mettez à la portée des lecteurs studieux avec votre talent habituel.

Il faut insister sur ce fait que le véritable travail hermétique doit être accompli sur trois plans à la fois et qu'ainsi il se différencie d'un simple travail chimique.

Labora, Ora et Inventes, dit Khunrath. L'oratoire et l'exercice de la charité matérielle ou morale, la musique et son action sur les astraux, sont nécessaires à l'alchimiste autant que le laboratoire. Votre travail vient à son heure. Il avancera le temps où le chimiste et l'alchimiste se comprendront enfin et où la Science qui est Une se reconstituera intacte par l'union de ses deux pôles aujourd'hui séparés.

Votre livre fera beaucoup penser et travailler. Il est donc digne et de son auteur et du maître inconnu qui vous a inspiré.

Avec toutes mes félicitations, croyez-moi toujours, Mon Cher Phaneg, votre bien dévoué.

PAPUS.

PRÉFACE

L'ALCHIMIE

L'opinion courante sur l'Alchimie c'est que c'est un art mensonger tendant à faire artificiellement de l'or et qui a ruiné pas mal de naïfs à l'époque du moyen âge. La première question qui se pose devant nous est donc de savoir comment il faut considérer cette Alchimie au point de vue de la science occulte.

Pour cela nous laisserons là, si vous voulez bien, les commentaires et les dissertations écrits sur l'alchimie dans les Encyclopédies contemporaines, et nous nous adresserons directement à ceux que les alchimistes considèrent comme les maîtres dans leurs sciences.

Prenons l'œuvre de Raymond Lulle, par exemple. Qu'y trouvons-nous ?

Toute autre chose que les règles de cet art spécial considéré comme l'unique préoccupation des alchimistes.

Dans tout ouvrage sérieux se rapportant à la philosophie hermétique nous trouverons en effet :

1° Une philosophie profonde servant de base à une synthèse naturelle, ayant comme point de départ la théorie de l'évolution étendue jusqu'au maximum et celle de l'unité de la substance et de l'unité du plan.

De là, l'axiome alchimique : εν το παν. Tout est dans tout.

2° Une application judicieuse des principes de la Kabbale hébraïque alliés à la tradition égyptienne et gnostique.

3° Des pratiques nombreuses de physique, de chimie ou de biologie venant à l'appui de ces théories.

Vouloir donc ne voir dans l'alchimie que des pratiques chimiques, c'est mutiler de la façon la plus odieuse un enseignement complet dans lequel la pratique ne venait que comme ; justification de la théorie scientifique.

Un véritable alchimiste, c'était donc à la fois un médecin, un astronome et un astrologue, un philosophe, un Kabbaliste et un chimiste. Aussi les études étaient-elles très sérieuses et fort, longues, transmises par l'initiation par le maître à un ou deux disciples favoris et soigneusement cachées aux profanes.

À côté de ces savants, des véritables philosophes hermétiques apparaissent des charlatans ignorants

dont le but unique est l'acquisition des richesses matérielles. Ceux-là n'ont fait toujours que discréditer l'alchimie. Les quelques milliers de volumes écrits en français qui se trouvent dans nos bibliothèques sous la rubrique de philosophie hermétique comprennent donc :
1° Des traités d'histoire naturelle.
2° Des traités de physique et de chimie ordinaires.
3° Des traités d'alchimie proprement dite ou préparation de la pierre philosophale.
4° Des traités de philosophie et de kabbale ou d'astrologie.
5° Des sortes d'encyclopédies où tous ces genres se trouvent réunis.

Cet aperçu permet de constater que la tradition ésotérique dans toutes ses branches est représentée par la philosophie hermétique.

Comment s'est effectué le passage de cette tradition de l'Égypte en Occident ?

C'est ce que nous allons voir.

L'étude des dépositaires de l'ésotérisme nous a permis de constater que les Esséniens, d'une part, les Gnostiques, de l'autre, avaient seuls gardés les clefs de la science occulte.

Les Esséniens, se tenant en dehors de toute vie politique étaient restés en Palestine et avaient institué plusieurs sociétés secrètes.

Les Gnostiques avaient partout cherché à répandre leurs enseignements. Après la liberté laissée aux Facultés régionales de divulguer les enseignements ésotériques, plusieurs traités concernant les pratiques de la science occulte avaient été écrits d'après les traditions de l'Université égyptienne elle-même.

Ces traités, dont la rédaction remonte, en effet, environ au IIe siècle de notre ère, n'avaient pour but que de soulager un peu la mémoire et d'aider la transmission orale. Ils étaient divisés en deux grandes classes :

1° Ceux qui traitaient du monde invisible, de l'âme et de ses pouvoirs ; de la *psychurgie*.

2° Ceux qui traitaient de l'application des pouvoirs de l'âme à la nature ; de là *théurgie* et de l'alchimie.

Des premiers, surtout philosophiques, nous possédons quelques fragments entièrement traduits par M-Louis Ménard (Louis Ménard, *Hermès Trismégiste*, 1 vol. in-8°, couronné par l'Académie).

Des seconds, nous possédons une foute de traités constituant les ouvrages d'alchimie proprement dits.

On s'accorde généralement à croire que toute là partie pratique de l'occultisme est venue en Europe par les Arabes.

Les Arabes n'ont apporté chez nous les sciences qu'ils avaient reçues des gnostiques restés en Égypte, que longtemps après la prédication de la Gnose en Europe. Or la Gnose comprenait une partie magique. Qu'on se rappelle les miracles d'Apollonius de Thyane, de Simon le Magicien et des autres gnostiques célèbres, et l'on découvrira la véritable origine de cette philosophie hermétique, origine qui paraît si obscure au premier abord.

L'alchimie représente donc bien la voie de transmission de la science occulte à travers l'Occident, voilà pourquoi nous allons maintenant nous occuper des travaux et des théories de ceux qui s'intitulaient les fils d'Hermès. Nous aurons donc avoir successivement :

1° Le but exotérique des alchimistes, — la pierre philosophale, — sa réalité et ce qu'on peut dire de sa préparation.

2° Les textes sur lesquels les alchimistes basent leurs opinions philosophiques, — la table d'Émeraude et ses explications.

3° L'explication des histoires symboliques qu'on trouve dans les traités d'alchimie.

LA PIERRE PHILOSOPHALE

Définitions — Théorie de sa préparation — Explication des textes hermétiques — Preuves irréfutables de son existence

I
QU'ENTEND-ON PAR PIERRE PHILOSOPHALE ?

Cette question, si simple au premier aspect, est cependant assez difficile à résoudre. Ouvrons les dictionnaires sérieux, parcourons les graves compilations des rares savants qui ont daigné traiter ce sujet. La conclusion est assez facile à poser : « Pierre philosophale transmutation, des métaux, égale : ignorance, fourberie, folie. »

Si pourtant nous réfléchissons qu'en somme, pour parler *draps*, mieux vaut aller au drapier qu'au docteur ès lettres, l'idée nous viendra peut-être de voir ce que pensent les alchimistes de la question.

Or, au milieu des obscurités voulues, et des symboles nombreux qui rem plissent leurs traités, il est un point sur lequel ils sont tous d'accord, c'est la définition et les qualités de la pierre philosophale.

La pierre philosophale parfaite est une poudre rouge qui a la propriété de transformer toutes les impuretés de la nature.

On croit généralement qu'elle ne peut servir, d'après les alchimistes, qu'à changer du plomb ou du mercure en or. C'est une erreur. La théorie alchimique dérive de sources bien trop spéculatives pour localiser ainsi ses effets. L'évolution étant une des grandes lois de la nature, ainsi que l'enseignait il y a plusieurs siècles l'hermétisme, la pierre philosophale fait évoluer rapidement ce que les formes naturelles mettent de longues années à produire ; voilà, pourquoi elle agit, disent les adeptes, sur les règnes végétal et animal, aussi bien que sur le règne minéral et peut s'appeler *médecine des trois règnes*.

La pierre philosophale est une poudre qui peut affecter plusieurs couleurs différentes suivant son degré de perfection, mais qui, pratiquement, n'en possède que deux, blanche ou rouge.

La véritable pierre philosophale est rouge. Cette poudre rouge possède trois vertus :

1° Elle transforme en or le mercure ou le plomb en fusion sur lesquels on en dépose une pincée ; je dis en or, et non en un métal qui s'en approche plus ou moins, comme l'a cru un savant contemporain [1].

2° Elle constitue un dépuratif énergique pour le sang et guérit rapidement, prise à l'intérieur, quelque maladie que ce soit.

3° Elle agit de même sur les plantes en les faisant croître, mûrir et fructifier en quelques heures.

Voilà trois points qui paraîtront bien fabuleux à beaucoup de gens, mais les alchimistes sont tous d'accord à ce sujet.

Il suffit, du reste, de réfléchir, pour voir que ces trois propriétés n'en constituent qu'une seule :

Renforcement de l'activité vitale.

La pierre philosophale est donc tout simplement une condensation énergique de la Vie dans une petite quantité de matière, et elle agit comme un ferment sur les corps en présence desquels on la met. Il suffit d'un peu de ferment pour faire *lever*, une grande masse de pain, de même, il suffit d'un peu de pierre philosophale pour développer la vie contenue dans une matière quelconque, minérale, végétale ou animale. Voilà pourquoi les alchimistes appellent leur, pierre : « Médecine des trois règnes. »

---

1 M. Berthelot.

Nous savons maintenant ce qu'est cette pierre philosophale, assez pour en reconnaître la description dans une histoire symbolique, et là doivent se borner nos ambitions.

FABRICATION DE LA PIERRE PHILOSOPHALE

Voyons maintenant sa fabrication.

Voici quelles sont les opérations essentielles :

Tirer du mercure vulgaire un ferment spécial appelé par les alchimistes *mercure des philosophes*.

Faire agir ce ferment sur l'argent pour en tirer également un ferment.

Faire agir le ferment du mercure sur l'or pour en tirer aussi du ferment.

Combiner le ferment tiré de l'or avec le ferment tiré de l'argent et le ferment mercuriel dans un matras de verre très solide et en forme d'œuf, boucher hermétiquement ce matras et le mettre à cuire dans un fourneau particulier appelé par les alchimistes *athanor*.

L'athanor ne diffère des autres fourneaux que par une combinaison qui permet de chauffer pendant très longtemps et d'une façon spéciale l'œuf susdit.

LES COULEURS

C'est alors (pendant cette cuisson), et alors seulement, que se produisent certaines couleurs sur lesquelles sont basées toutes les histoires alchimiques. La matière contenue dans l'œuf devient d'abord noire, tout semble putréfié ; cet état est désigné par le nom, de *tête de corbeau*. Tout à coup, à cette couleur noire succède une blancheur éclatante. Ce passage du noir au blanc, de l'obscurité à la lumière, est une excellente pierre de touche pour reconnaître une histoire symbolique qui traite de l'alchimie. La matière ainsi fixée au blanc sert à transmuter les métaux impurs (plomb, mercure) en argent.

Si on continue le feu, on voit cette couleur blanche disparaître peu à peu, la matière prend des teintes diverses, depuis les couleurs inférieures du spectre (bleu, vert) jusqu'aux couleurs, supérieures (jaune orangé), et enfin arrive au rouge rubis. La pierre philosophale est alors presque terminée.

Je dis presque terminée, car à cet état 10 grammes de pierre philosophale ne transmuent pas plus de 20 grammes de métal. Pour parfaire la pierre, il faut la remettre dans un œuf avec un peu de mercure des philosophes et recommencer à chauffer. L'opération, qui avait demandé un an, ne demande plus que trois mois, et les couleurs reparaissent dans le même ordre que la première fois.

À cet état la pierre transmue en or dix fois son poids.

On recommence encore l'opération. Elle ne dure qu'un mois, la pierre transmue mille fois son poids de métal.

Enfin on la fait une dernière fois, et on obtient la véritable pierre philosophale parfaite, qui transmue dix mille fois son poids de métal en or pur.

Ces opérations sont désignées sous le nom de *multiplication de la pierre*.

EXPLICATION DES TEXTES ALCHIMIQUES

Quand on lit un alchimiste, il faut donc voir de quelle opération il parle :

1° S'il parle de la fabrication du mercure des philosophes, auquel cas il sera sûrement inintelligible pour le profane.

2° S'il parle de la fabrication de la pierre proprement dite, auquel cas il parlera clairement. 3° S'il parle de la multiplication, et alors il sera tout à fait clair. Muni de ces données, le lecteur peut ouvrir le livre de M. Figuier et, s'il n'est pas ennemi d'une douce gaieté, lire de la page 8 à la page 52. Il déchiffrera, aisément le sens des histoires symboliques qui sont si obscures pour M. Figuier et lui font hasarder de si joyeuses explications. Témoin l'histoire suivante qu'il traite de grimoire (p. 41) :

« Il faut commencer au Soleil couchant ; lorsque le mari Rouge et l'épouse Blanche s'unissent dans l'esprit de vie pour vivre dans l'amour et dans la tranquillité, dans la proportion exacte d'eau et de la terre.

De l'Occident avance toi à tra-vers les ténèbres vers le Septentrion.

Altère et dissous le mari entre l'hiver et le printemps change l'eau en une terre noire et élève-toi vers l'Orient où se montre la pleine Lune. Après le purgatoire apparaît le soleil blanc et radieux. »

(Riplée)

Mis dans le matras en forme d'oeuf des deux ferments actif ou Rouge et Blanc.

Divers degrés du feu.

Tête de corbeau, couleurs de l'oeuvre.

Blanc

En considérant une histoire symbolique, il faut toujours chercher le sens hermétique qui était le plus caché et qui s'y trouve presque sûrement. Comme la nature est partout identique, la même histoire qui exprime les mystères du grand œuvre pourra signifier également le cours du soleil (mythes solaires) ou la vie d'un héros fabuleux. L'initié seul sera donc en état de saisir le troisième sens (hermétique) des mythes anciens[2], tandis que le savant n'y verra que les premiers et deuxième sens (physique et naturel, cours du Soleil, Zodiaque, etc.), et le paysan n'en comprendra que le premier sens (histoire du héros).

Les aventures de Vénus, de Vulcain et de Mars sont célèbres à ce point de vue parmi les alchimistes[3].

D'après tout cela, on voit que, pour faire la pierre philosophale, il faut avoir le temps et la patience. Celui qui n'a pas tué en lui le désir de l'or ne sera jamais riche, alchimiquement parlant. Il suffit pour s'en convaincre, de lire les biographies de deux alchimistes du XIXe siècle, Cyliani[4] et Cambriel[5].

Physiquement, la pierre philosophale serait donc une poudre rouge assez semblable comme consistance au chlorure d'or et de l'odeur du sel marin calciné.

---

2   V. Ragon, *Fastes initiatiques*. (*La Maçonnerie occulte*).
3   Voyez l'admirable traité intitulé *Lumière sur le sentier* (chez Carré).
4   *Hermès dévoilé* (Voyez la fin de cette étude).
5   *Cours d'alchimie en dix-neuf leçons*.

Chimiquement, c'est une simple augmentation de densité, si l'on admet l'unité de la matière, idée fort en honneur parmi les philosophes chimistes contemporains. En effet, le problème à résoudre consiste à transformer un corps de la densité de 13,6 comme le mercure, en un corps de la densité de 19,5 comme l'or. Cette hypothèse de la transmutation est-elle en désaccord avec les plus récentes données de là chimie ? C'est ce que nous allons voir.

II
LA CHIMIE ACTUELLE PERMET-ELLE DE NIER L'EXISTENCE DE LA PIERRE PHILOSOPHALE ?

Deux chimistes contemporains ont poussé leurs investigations dans l'obscur domaine de l'alchimie ; ce sont MM. Figuier, vers 1853, qui publiait *l'Alchimie et les Alchimistes*, livre dont nous aurons tout à l'heure l'occasion de parler, et M. le professeur M. Berthelot, membre de l'Institut, qui fit paraître, en 1885, les *Origines de l'Alchimie*.

Ces deux savants officiels, le dernier surtout, font autorité en la matière, et leur opinion mérite d'être écoutée par toutes les personnes sérieuses.

Tous deux considèrent l'alchimie et son but comme de beaux rêves dignes des temps passés ; tous deux, ils nient formellement l'existence de la pierre philosophale quoique Figuier prouve à son insu cette existence). Et cependant ils déclarent que, scientifiquement, la chose ne peut pas être niée *à priori*. Ainsi Figuier dit :

« Dans l'état présent de nos connaissances, on ne peut prouver, d'une manière absolument rigoureuse que la transmutation des métaux soit impossible, quelques circonstances s'opposent à ce que ('opinion alchimique soit rejetée comme une absurdité en contradiction avec les faits[6].». M. Berthelot, dans plusieurs passages de son livre, montre, que, loin d'être opposée à la chimie contemporaine, la théorie alchimique tend, au contraire, à remplacer aujourd'hui les données primitives de la philosophie chimique. Voici quelques extraits à l'appui.

À travées les explications mystiques et les symboles dont s'enveloppent les alchimistes, nous pouvons entrevoir les théories essentielles de leur philosophie : lesquelles se réduisent, en somme, à un petit nombre d'idées claires, plausibles, et dont certaines offrent une analogie étrange avec les conceptions de notre temps[7]. »

« Pourquoi ne pourrions-nous pas former le soufre avec l'oxygène, former le sélénium et le tellure avec le soufre, par des procédés de condensations convenables ? Pourquoi le tellure, le sélénium ne pourraient-ils pas être changés inversement en soufre, et celui-ci, à son tour, métamorphosé en oxygène ?

« Rien en effet ne s'y oppose a priori.[8] »

« Assurément, je le répète, nul ne peut affirmer que la fabrication des corps réputés simples soit impos-

---

6   *L'Alchimie et les Alchimistes*, p. 353.
7   Berthelot, *les Origines de l'alchimie* p. 280.
8   Ibid., p. 297.

sible *a priori*.[9] » Tout cela montre assez que la pierre philosophale n'était pas fatalement impossible, même de l'avis des savants contemporains. C'est maintenant qu'il nous faut chercher si nous avons des preuves positives de son existence.

---

9   Ibid., p. 297.

III
PREUVES DE L'EXISTENCE DE LA PIERRE PHILOSOPHALE DISCUSSION DE LEUR VALIDITÉ

Nous affirmons que la pierre philosophale a donné de son existence des preuves irréfutables et nous allons exposer les faits sur lesquels se basent nos convictions. Nous avons dit *les faits*, car on ne peut considérer comme absolument sérieuses les démonstrations tirées des raisonnements plus ou moins solides. C'est dans le domaine de l'histoire que les affirmations sont toujours faciles à contrôler à toute époque, et par-là même vraiment irréfutables.

Nous allons donc exposer les arguments invoqués par les adversaires de l'alchimie contre la transmutation, et ce sont des *faits* qui, seuls, pourront victorieusement réfuter chacune de ces objections.

C'est Geoffroy l'aîné qui s'est chargé, en 1722, de faire le procès des alchimistes devant l'Académie. Si l'on en croit son mémoire, les nombreuses histoires de transmutation sur lesquelles les adeptes basent leur foi, sont facilement explicables par la supercherie. Des philosophes incontestés, tels que Paracelse ou Raymond Lulle, laissaient là pour un moment les spéculations abstraites pour faire quelques tours adroits d'escamotage devant de bons naïfs ébahis. Cependant analysons les moyens de tromper dont ils disposaient, et cherchons à déterminer des conditions expérimentales, mettant à néant ses arguments.

Les alchimistes, se servent pour tromper les assistants de :
1° Creusets à double fond.
2° Charbons ou baguette creux et remplis de poudre d'or.
3° Réactions chimiques inconnues alors et parfaitement connues aujourd'hui.

Pour qu'une de ces conditions se réalise, il faut nécessairement que l'alchimiste soit présent à l'opération ou ait touché auparavant aux instruments employés.

Donc, dans la détermination expérimentale d'une transmutation, l'absence de l'alchimiste sera la première et la plus indispensable des conditions.

Il faudra, de plus, qu'il n'ait eu en main aucun des objets qui serviront à cette transmutation.

Enfin, pour répondre aux derniers arguments, il est indispensable que les données de la chimie contemporaine soient impuissantes à expliquer normalement le résultat obtenu.

Pour que notre travail trouve encore une basé d'évidence plus solide, il faut mettre le lecteur à même de contrôler facilement toutes nos affirmations ; c'est pourquoi nous tirerons nos arguments d'un seul ouvrage facile à trouver : *l'Alchimie et les Alchimistes*, de Louis Figuier.

Rappelons, avant de passer outre, les plus essentielles conditions :
1° Absence de l'alchimiste.
2° Qu'il n'ait touché à rien de ce qui sert à l'opérateur.
3° Que le fait soit inexplicable par la chimie contemporaine.

Et on peut ajouter encore :
4° Que l'opérateur ne puisse pas être soupçonné de complicité.

Ouvrons le livre de M. Figuier, édition de 1854, chapitre III, page 206. Là, nous trouvons, non pas un, mais trois faits répondant à *toutes nos conditions* et que nous allons discuter un à un.

Non seulement l'opérateur n'est pas alchimiste mais c'est un savant considéré, un ennemi déclaré de l'alchimie, ce qui répond encore avec plus de force à notre quatrième condition. Parlons d'abord, Helvétius et de sa transmutation ; nous citons textuellement Figuier :

« Jean-Frédéric Schweitzer, connu sous le nom latin Helvétius, était un des adversaires les plus décidés de l'alchimie ; il s'était même rendu célèbre par un écrit contre la poudre sympathique du chevalier Digby. Le 27 décembre 1666, il reçut à la Haye la visite d'un étranger vêtu, dit-il, comme un bourgeois du Nord de la Hollande et qui refusait obstinément de faire connaître son nom. Cet étranger annonça à Helvétius, que sur le bruit de sa dispute avec te chevalier Digby, il était accouru pour lui porter les preuves matérielles de l'existence de la pierre philosophale. Dans une longue conversation, l'adepte défendit les principes hermétiques, et, pour lever les doutes de son adversaire, il lui montra dans une petite boîte d'ivoire la pierre philosophale. C'était une poudre d'une métalline cou-leur de soufre. En Vain Helvétius conjura-t-il l'inconnu de lui démontrer par le feu les vertus de sa poudre, l'alchimiste résista à toutes les instances et se retira en promettant de revenir dans trois semaines.

Tout en causant avec cet homme et en examinant la pierre philosophale, Helvétius avait eu l'adresse d'en détacher quelques parcelles et de les tenir cachées sous son ongle. À peine fut-il seul qu'il s'empressa d'en essayer les vertus. Il mit du plomb en fusion dans un creuset et fit la projection. Mais tout se dissipa en fumée. Il ne resta dans le creuset qu'un peu de plomb et de terre vitrifiée.

« Jugeant dès lors cet homme comme un imposteur, Helvétius avait à peu près oublié l'aventure lorsque, trois semaines après et au jour marqué, l'étranger reparut. Il refusa encore de faire lui-même l'opération ; mais, cédant aux prières du médecin, il lui fit cadeau d'un peu de sa pierre, à peu près la grosseur d'un grain de millet. Et, comme Helvétius exprimait la crainte qu'une si petite quantité de substance ne pût avoir la moindre propriété, l'alchimiste, trouvant encore le cadeau trop magnifique, en enleva, la moitié, disant que le reste était suffisant pour trans-muer une once et demie de plomb. En même temps, il eut soin de faire connaître avec détails les précautions nécessaires à la réussite de l'œuvre et recommanda surtout, au moment de la projection d'envelopper la pierre philosophale d'un peu de cire, afin de la garantir des fumées du plomb. Helvétius, comprit en ce moment pourquoi la transmutation qu'il avait essayée avait échoué entre ses mains ; il n'avait pas enveloppé la pierre dans la cire et négligé, par conséquent, une précaution indispensable.

« L'étranger promettait d'ailleurs de revenir le lendemain pour assister à l'expérience.

« Le lendemain, Helvétius attendit inutilement ; la journée s'écoula tout entière sans que l'on vit paraître personne. Le soir venu, la femme du médecin, ne pouvant plus contenir son impatience, décida son mari à tenter seul l'opération. L'essai fut exécuté par Helvétius en présence de sa femme et de son fils. »

« Il fondit Une once et demie de plomb, projeta sur le métal en fusion la pierre enveloppée de cire, couvrit le creuset de son couvercle et le laissa exposé un quart d'heure à l'action du feu : Au bout de ce temps le métal avait acquis la belle couleur verte de l'or en fusion ; coulé et refroidi, il devint d'un jaune magnifique.

« Tous les orfèvres de La Haye estimèrent très haut le degré de cet or. Povelius, essayeur général des monnaies de la Hollande, le traita sept fois par l'antimoine sans qu'il diminuât de poids. »

Telle est la narration qu'Helvétius lui-même donne de cette aventure. Les termes et les détails minutieux de son récit excluent, de sa part, tout soupçon d'imposture. Il fut tellement émerveillé de ce succès que c'est à cette occasion qu'il écrivit son *Vitulus aureus*, dans lequel il raconte ce fait et défend l'alchimie.

Ce fait répond à toutes les conditions requises. Cependant M. Figuier, sentant combien il était difficile à expliquer, ajouta quelques explications dans une édition postérieure (1860).

Voulant trouver partout *à priori* de la fraude, voici son argument principal :

L'alchimiste a soudoyé un complice qui est venu mettre dans un des creusets d'Helvétius un composé d'or facilement décomposable par la chaleur. Est-il nécessaire de montrer la naïveté de cette objection ?

1° Comment choisir juste le creuset que prendra Helvétius ?

2° Comment croire que celui-ci soit assez sot pour ne pas reconnaître un creuset vide d'un plein ou un alliage d'un métal ?

3° Pourquoi ne pas se donner la peine de relire le récit des faits ; M. Figuier aurait vu deux points importants :

D'abord la phrase suivante : « Il prit une once, et demie de plomb. » Ce qui indique qu'il l'a pesée, qu'il l'a maniée, ce qui l'aurait mis à même de vérifier facilement si c'était vraiment du plomb.

4° Ensuite ce petit détail : « Il couvrit le creuset de son couvercle », ce qui empêche toute évaporation ultérieure.

5° Supposé même que vraiment Helvétius ait été trompé ; que lui, savant expérimenté, ait pris de l'or pour du plomb, la preuve de la trans-mutation n'en ressort pas moins évidente, car les critiques oublient toujours le fait suivant :

S'il existe un alliage cachant l'or en lui, le lingot, après évaporation ou oxydation du métal impur pèsera *beaucoup moins* que le métal initialement employé.

Si, au contraire, il y a adjonction par un procédé quelconque, d'or, le lingot pèsera *beaucoup plus* que le métal initialement employé.

Or la transmutation de Bérigard de Pise, qu'on trouvera ci-après, prouve irréfutablement l'inanité de ces arguments.

Enfin, pour détruire à tout jamais les affirmations de M. Figuier, il suffit de remarquer que les orfèvres de La Haye, ainsi que l'essayeur des monnaies de la Hollande, constatent la pureté absolue de l'or, ce qui serait impossible s'il y avait eu un alliage quelconque. Ainsi tombe d'elle-même l'explication que le critique donne de ce fait :

« Nous ne pouvons guère expliquer aujourd'hui ces faits qu'en admettant que le mercure dont on faisait usage ou le creuset que l'on employait recelaient une certaine quantité d'or dissimulée avec une habileté merveilleuse[10]. »

Nous avons dit qu'*un seul fait* bien prouvé suffisait pour démontrer l'existence de la pierre philosophale ;

---

10   Louis Figuier, *ibid.*, p. 210.

et, cependant, il en existe trois ; dans les mêmes conditions. Voyons les deux autres :
Voici le récit de Bérigard de Pise, cité de même par Figuier (p. 214) :
« Je rapporterai, nous dit Bérigard de Pise, ce qui m'est arrivé autrefois lorsque Je doutais fortement qu'il fût possible de convertir le mercure en or. Un homme habile, voulant lever mon doute à cet égard, me donna un gros d'une poudre dont la couleur était assez semblable à celle du pavot sauvage, et dont l'odeur - rappelait celle du sel marin calciné. Pour détruire tout soupçon de fraude. J'achetai moi-même le creuset, le charbon et le mercure chez divers marchands, afin de n'avoir point à craindre qu'il n'y eût de l'or dans aucune de ces matières, ce que font souvent les charlatans alchimiques. Sur 10 gros de mercure, j'ajoutai un peu de poudre, j'exposais-le tout à un feu assez fort, et, en peu de temps, la masse se trouva toute convertie en près de 10 gros d'or, qui fut reconnu comme très pur, par les essais de divers orfèvres. Si ce fait ne me fût point arrivé sans témoins, hors de la présence d'arbitres étrangers, j'aurais pu soupçonner quelque fraude ; mais je puis assurer avec confiance que la chose s'est passée comme je la raconte. »

Ici, c'est encore un savant qui opère ; mais il connaît les ruses dès charlatans et emploie toutes les précautions imaginables pour les éviter.

Enfin, citons encore la transmutation de Van Helmont, pour édifier en tous points le lecteur impartial :

En 1618 ; dans son laboratoire de Vilvorde, près de Bruxelles, Van Helmont reçut d'une main inconnue un quart de grain. Elle venait d'un adepte, qui, parvenu à la découverte du secret, désirait convaincre de sa réalité le savant illustre dont les travaux honoraient son époque.

Van Helmont exécuta lui-même l'expérience seul dans son laboratoire avec le quart de grain de poudre qu'il avait reçu de l'inconnu ; il transforma en or huit onces de mercure. Il faut convenir qu'un tel fait était un argument presque sans réplique à invoquer en faveur de l'existence de la pierre philosophale, Van Helmont, le chimiste le plus habile de son temps, était difficile à tromper ; il était lui-même incapable d'imposture, et il n'avait aucun intérêt à mentir, puisqu'il ne tira jamais le moindre parti de cette observation.

Enfin, l'expérience ayant eu lieu hors de la présence de l'alchimiste, il est difficile de comprendre comment la fraude aurait pu s'y glisser. Van Helmont fut si bien édifié à ce sujet qu'il devint partisan avoué de l'alchimie. Il donna, en l'honneur de cette aventure le nom de Mercurius à son fils nouveau né. Ce Mercurius Van Helmont ne démentit pas d'ailleurs son baptême alchimique. Il convertit Leibniz à cette opinion ; pendant toute sa vie il chercha la pierre philosophale et mourut sans l'avoir trouvée, il est vrai, mais en fervent apôtre.

Reprenons maintenant ces trois récits, et nous constaterons qu'ils répondent aux conditions scientifiques posées. En effet :

Le mercure ou le plomb contenaient-ils de l'or ? Je ne le pense pas, attendu :

1° Qu'Helvétius, qui ne croyait pas à l'alchimie, non plus que Van Helmont et Bérigard de Pise qui étaient dans le même cas, n'allaient pas s'amuser à en mettre.

2° Que dans aucun cas l'alchimiste n'avait touché aux objets employés.

3° Enfin que dans la transmutation de Bérigard de Pise, si le mercure avait contenu de l'or et que celui-ci fût resté seul après la volatilisation du premier, le lingot obtenu aurait pesé beaucoup moins que le mercure employé, ce qui n'est pas.

Après ces arguments, on pourrait croire que la liste est close ; pas le moins du monde, il en reste encore un, peu honnête, il est vrai, mais d'autant plus dangereux :

« Tous ces récits, tirés de livres imprimés, ne sont pas l'œuvre des auteurs signataires, mais bien d'habiles alchimistes imposteurs. » Voilà certes une terrible objection qui semble détruire tout notre travail ; mais la vérité peut encore apparaître victorieusement.

En effet, il existe une lettre d'une tierce personne aussi éminente que les autres, le philosophe Spinosa, adressée à Jarrig Jellis. Cette lettre prouve irréfutablement la réalité de l'expérience d'Helvétius. Voici le passage important :

« Ayant parlé à Voss de l'affaire d'Helvétius, il se moqua de moi, s'étonnant de me voir occupé à de telles bagatelles. Pour en avoir le cœur net, je me rendis chez le monnayeur Brechtel, qui avait essayé l'or. Celui-ci m'assura que, pendant sa fusion, l'or avait encore augmenté de poids quand on y avait jeté de l'argent. Il fallait donc que cet or, qui a changé l'argent en de nouvel or, fût d'une nature bien particulière. Non seulement Brechtel, mais encore d'autres personnes qui avaient assisté à l'essai, m'assurèrent que la chose s'était passée ainsi. Je me rendis ensuite chez Helvetius lui-même, qui me montra l'or et le creuset contenant encore un peu d'or attaché à ses parois. Il inédit qu'il avait jeté à peine sur le plomb fondu le quart d'un grain de blé de pierre philosophale. Il ajouta qu'il ferait connaître cette histoire à tout le monde. Il paraît que cet adepte avait déjà fait la même expérience à Amsterdam, où on pourrait encore le trouver. Voilà toutes les informations que j'ai pu prendre à ce sujet[11].

« Boobourg, 27 mars 1667.

« SPINOSA. »

Tels sont les faits qui nous ont conduit à cette conviction :

La pierre philosophale a donné de son existence des preuves irréfutables, à moins de nier à jamais le témoignage des textes, de l'histoire et des hommes.

PAPUS.

---

11   *Opéra posthuma*, p. 553.

CINQUANTE MERVEILLEUX SECRETS D'ALCHIMIE

AVANT-PROPOS

Ainsi qu'on vient de le voir dans la belle étude qui précède, l'alchimie est une des plus importantes parmi les sciences occultes.

Elle ne constitue pas, comme on le dit encore trop souvent, à notre époque, les débuts de la chimie moderne; elle représente, au contraire, une philosophie complète dont les pratiques chimiques ne sont que la justification. L'alchimiste, seul digne de ce nom, était un philosophe dans la plus profonde acception de ce mot: il ne recherchait pas l'or pour l'or; son but le plus important était de trouver un remède universel aux maladies.

Les plus grandes difficultés ont de tout temps entouré l'étude de cette science, et c'est à dessein, car, de l'aveu des hermétistes les plus éminents, l'œuvre est relativement simple, et c'est précisément pour cela qu'ils l'ont cachée avec tant de soin. Il n'y a pas un mot dans leurs livres qui ne soit détourné de son vrai sens, et tous les moyens ont été bons pour dissimuler la vérité aux profanes. « Leurs ouvrages, dit Pernéty, ne sont qu'un tissu d'énigmes, de métaphores, d'allégories ; ils font mystère de tout et semblent n'avoir écrit que pour ne pas être entendus. — Ils ont employé des figures symboliques sur lesquelles on ne peut donner aucune règle certaine, parce que « chaque philosophe les a imaginées à sa fantaisie. »

Ce n'est pas, du reste, le plus grand obstacle. Je crois que l'on peut arriver à traduire les symboles, à déchiffrer les hiéroglyphes, à connaître le sens véritable des mots ; le difficile, c'est de comprendre la philosophie profonde des hermétistes initiés, de se mettre dans leur mentalité, de pénétrer dans leur âme, de *savoir*, comme eux, que tout dépend de l'Invisible. En un mot, pour être digne de réussir, il faut avoir trouvé la pierre philosophale spirituelle, être redevenu un *homme* réel, un régénéré. Il est donc impossible de se dissimuler, si une fois on a compris les principes sur lesquels se base l'alchimie, les énormes difficultés que l'on rencontre dans sa pratique. Il y faut une réunion de conditions bien rares à trouver, surtout à notre époque :

Beaucoup de temps et d'argent, une connaissance approfondie de la chimie, une patience surhumaine, un mépris absolu de l'or ; une science très grande de la tradition occulte et hermétique, une notion complète de sa propre faiblesse, une grande puissance de prière et de confiance dans l'Invisible.

Telles sont les principales qualités sans lesquelles on ne peut espérer réussir.

Il faut donc se sentir réellement appelé à ce travail spécial pour le commencer, car c'est une voie extrêmement dure et pénible. Pour le concevoir, on n'a seulement qu'à imaginer les difficultés de rencontrer en un seul être la science synthétique de l'antiquité et la science analytique moderne, la foi d'un enfant, et le cerveau d'un génie. Je n'encourage donc personne à chercher la pierre philosophale ; mais, à côté de la pratique alchimique réelle, il y a quelques préparations rudimentaires encore difficiles, et cependant abordables, bien que se rattachant aux mêmes principes.

J'ai trouvé, au cours de recherches dans les bibliothèques, un manuscrit *relativement* clair, dû à un alchimiste : Jean de Roquetaillade, dit « *Rupe Scissa* ». L'auteur a soin *d'expliquer aux pauvres hommes évangélisant* les expressions philosophiques dont il se sert. Toutes les expériences citées sont assez faciles à essayer, bien qu'il soit nécessaire aussi d'être très patient et qu'on ne doive point, espérer réussir dès la première fois. J'ai pensé faire une œuvre agréable, et utile en présentant au public quelques-unes des recettes les moins difficiles de notre auteur.

J'ai simplifié le plus possible, et traduit en langage clair le vieux langage du maître.

Quelques-uns des élixirs dont on trouvera là recette plus loin ont été essayés de nos jours» avec plein succès. Je suis persuadé que l'on aura ainsi une série de médicaments puissamment dynamisés, à l'aide desquels le *disciple évangélisant* pourra faire beaucoup de bien (après avis médical, bien entendu).

Sédir, dans une brochure sur la médecine occultée, dit : « qu'à son avis, le plus savant des hommes, le plus énergique, ne peut rien sans « le secours de Dieu et ne fait rien sans sa permission, et que plus que toute science, plus que tout secret, le recours humble et sincère à la vertu suprême, à la charité infinie, est l'élixir miraculeux ».

Qu'il me soit permis, à ta première page de ce travail, d'en appeler aux mêmes principes ; de déclarer que l'homme ne peut rien- seul, pas même tenter une expérience élémentaire d'alchimie. Ce n'est pas lui qui agit, mais les guides qui sont derrière lui, dans son ombre.

Que le disciple de « Rupe Scissa » n'oublie donc jamais l'appel à l'Invisible ; la demande sincère d'une aide extérieure, avant d'allumer son fourneau. Il doit se souvenir toujours qu'il n'est pas *seul* ; que des regards sont fixés sur lui et voient ses intentions. Dans ces conditions, son cœur sera illuminé, et cette lumière rayonnera autour de lui.

L'alcool qu'il tiendra dans ses mains, les plantes qu'il broiera dans son mortier, le feu même, tous ces êtres seront pénétrés d'une force, d'un dynamisme qu'ils n'auraient pas, si, rejetant toute idée d'humilité et de prière, il travaillait plein de confiance en lui seul et en ses propres forces.

Tout est là ; telle est la clé de l'action vraiment miraculeuse de certains produits, tels que l'élixir d'antimoine par exemple, ou l'or potable dont nous verrons plus loin la fabrication.

Voilà dans quel esprit je présente ce travail ; puisse-t-il permettre à quelque étudiant, sincère et de bonne volonté, de faire ainsi que les Roses † Croix anciens, de trouver sinon une médecine universelle, au moins un reconstituant puissant qui, avec l'aide du Ciel, ramènera la vie et le bonheur dans beaucoup de foyers.

On le voit, mon travail a un but presque exclusivement pratique. J'ai voulu mettre ceux qui se sentiraient assez de patience et de bonne volonté à même d'essayer quelques modestes réalisations, renvoyant pour la théorie aux alchimistes, à Papus, Poisson, Haatan,

J. Castelot ; néanmoins, je ne crois pas inutile, ne serait ce que pour orienter les pensées des lecteurs vers un même courant d'idées, de consacrer quelques pages aux principes philosophiques des anciens hermétistes, à leurs idées générales sur la nature et la matière auxquelles notre chimie moderne revient chaque jour davantage. J'appuierai ces théories de deux ou trois expériences pleines d'enseignements.

CHAPITRE I

Pour les philosophes hermétiques, la Nature était la masse de tous les êtres qui composent le monde visible ; le principe, émané de Dieu mais distingué de lui, qui ranime.

Dieu a tiré la nature du néant ; le monde a été formé d'une *vapeur* qui se condensa en une eau chaotique, contenant en soi un Esprit invisible (le Feu incréé), qui, par son action sur elle, forma tout l'Univers.

Tout est dans tout ; cet esprit est réparti dans tous les corps de la nature qui tirent de lui l'existence et retournent aussi vers lui après leur dissolution.

Dans le principe, cette eau chaotique universelle était cristalline, claire, transparente, sans odeur ni goût particulier et sans mouvement ; tous les éléments y étaient confondus. Bientôt, par l'action de l'Esprit invisible y contenu, elle fermenta, se troubla, fit naître d'elle-même une terre et se putréfia.

Les parties subtiles furent alors séparées des grossières, par degrés. Les plus subtiles formèrent le *ciel* ou le *feu*; puis, en descendant, l'air, l'eau, la terre. Mais ces quatre éléments ne diffèrent que par leur degré de subtilité ou de fixité; c'est toujours la même, matière première, qui s'est, pour ainsi dire, classifiée, sous l'action du feu générateur. Chacune de ces formes de la matière première, ou *éléments*, produisit son semblable, extériorisa continuellement une force sémentielle, et de ces forces réunies naquit une *eau* de même nature que l'eau chaotique, d'où toutes choses physiques prendront naissance. C'est ici là création du deuxième inonde ou plan astral.

Les émanations du *ciel*, de *l'air*, de *l'eau*, de *la terre engendrent*, disons-nous, par leur réunion une semence universelle.

Le ciel agit d'abord *sur l'air;* l'eau, sur la terre; puis de leur union naît enfin l'eau chaotique seconde (plan astral), d'où sortiront, se conserveront, seront détruites et régénérées toutes choses physiques. Le ciel et l'air sont donc la partie active; l'eau et la terre, la partie passive de cette matière primordiale.

L'action de l'esprit moteur dans les éléments n'est pas la même pour tous. Plus la matière sur laquelle il aura à agir sera subtile, plus vite elle recevra son impulsion.

« Le *feu* » étant la partie la plus élevée et la plus mobile sera donc le premier mis en mouvement ; il agira ensuite lui-même sur « *l'air* » ; celui-ci, sur « *l'eau* », et de proche en proche sur la partie la plus grossière : « *la terre* ».

Voici de quelle façon cette action se produisit pour le feu :

Après la séparation ou chaos universel (le tohubohu de la Genèse), l'éther, le feu, est devenu l'être le plus subtil, le plus incompréhensible et le plus élevé. Il est le premier agent, le père de toutes choses, la semence masculine.

« Étant le plus mobile des éléments, il s'échauffe par son mouvement perpétuel, s'allume, exhale d'une manière invisible tout ce dont il n'a pas besoin pour sa consistance.

Ces émanations descendent dans la sphère la plus proche : l'air (principe des gaz), et, comme elles y rencontrent un milieu qui n'est ni trop épais, ni trop subtil, elles s'y laissent prendre, s'y mêlent, se coagulent avec les parties les plus raréfiées, circulant de côté et d'autre, jusqu'à ce qu'entièrement unies elles puissent se rapprocher des émanations inférieures (eau et terre). »

Par ces émanations continuelles, l'éther ne perd rien de ses forces, parce qu'il les remplace par des parties qui lui sont semblables ; il reçoit les vapeurs subtilisées de l'air ; il en prend autant qu'il en a besoin, les absorbe, les change ainsi en sa nature et en expulse le superflu.

La matière immédiatement moins subtile, où *l'air* s'en empare, s'épaissit, résout ce qui lui est inutile en pluie et en rosée, et les pousse vers la matière plus inférieure : *l'eau*.

Celle-ci, à son tour, décharge les superfluités épaisses vers la terre qui s'en rassasie, chasse les parties qu'elle n'a pas absorbées, les résout de nouveau en vapeurs qui remontent, vers l'air, et ainsi de suite.

C'est en observant ces choses que l'on connaîtra le supérieur et l'inférieur d'Hermès, la chaîne d'or d'Homère, l'anneau de Platon, et que l'on sera convaincu qu'une chose se transmue en l'autre et redevient semblable à elle-même.

Les mêmes raisonnements sont applicables à l'air, à l'eau et à la terre.

Il faut bien comprendre seulement que plus nous descendons, plus nous nous rapprochons du plan physique.

Ainsi donc, la matière est *une* dans son principe et sera *une* dans ses manifestations sur la terre.

CHAPITRE I

Toute chose y a son origine et y retourne.

Tous les êtres sur terre auront une âme qui vient du chaos, un corps astral qui vient du chaos régénéré ou deuxième monde et un corps physique qui vient de la terre.

Les théories précédentes s'appliquent aux deux premiers mondes : le plan divin et le plan astral. Voici maintenant, d'après Agrippa[12], le caractère des éléments ou états de la matière sur le plan physique (troisième monde) :

« Tous les corps en sont composés, non pas par assemblage, mais par union, c'est-à-dire que les différents états ne sont pas superposés dans un corps, mais qu'ils s'interpénètrent.

« Tous les états de matière peuvent se transmuer l'un dans l'autre.

« La matière solide peut par dissolution ou ébullition devenir liquide ; la matière à l'état liquide peut passer par la chaleur à l'état gazeux.

« Cet état gazeux surchauffé passe à l'état radiant ou éthérique ; mais, cette matière radiante étant éteinte (c'est-à-dire ayant subi un changement moléculaire) repasse à l'état gazeux, puis liquide, puis solide.

---

12   *La Philosophie occulte.*

« Chaque état de matière a deux qualités spécifiques, dont la première lui est propre, et l'autre lui sert de lien avec l'état suivant.

« La matière radiante est *chaude* et *sèche* ; elle participe de la qualité du feu (la luminosité).

« La matière solide est sache et froide ; elle a les qualités de la terre : la solidité, la dureté.

« La matière à l'état liquide est froide et humide et a en partage les qualités de l'eau : la mobilité ; enfin, la matière à l'état gazeux est humide et chaude et participe des qualités de l'air : la diaphanéité. »

C'est par ces qualités différentes que chaque état de la matière est opposé à l'autre ; Platon[13] donnait à *l'état radiant* trois qualités : la *clarté*, la *raréfaction*, le *maximum* de *mouvement vibratoire* ; à *l'état solide*, l'obscurité, l'épaisseur, le minimum de mouvement vibratoire ; — à *l'état gazeux*, deux qualités empruntées à l'état radiant ; la raréfaction et le mouvement vibratoire très rapide ; — à *l'état liquide*, deux qualités empruntées à l'état solide : l'obscurité et l'épaisseur, et une de l'état radiant : le mouvement, vibratoire très rapide.

À *l'état éthérique*, la matière est *deux* fois plus raréfiée qu'à l'état gazeux, trois fois plus mobile et quatre fois plus active.

---

13   Cité par Agrippa, *La Philosophie occulte*.

À *l'état gazeux*, la matière est deux fois plus activé qu'à l'état liquide, trois fois plus raréfiée, quatre fois plus mobile.

L'état liquide a deux fois plus d'activité que l'état solide, trois fois plus de raréfaction, quatre fois plus de mobilité.

On comprend que cette connaissance des états différents de la matière et de leurs rapports entre eux entre pour beaucoup dans les merveilleux résultats de l'alchimie.

Les Anciens, si longtemps considérés comme de petits enfants en toutes choses, après la réaction du XVIe siècle, avaient, au contraire, une connaissance approfondie de certains étals de la matière encore peu étudiés de nos jours.

Qu'on lise, par exemple, cette description des propriétés de l'éther, et on sera étonné : elle est due à Dyonisius, cité par Agrippa [14] :

« L'éther paraît clairement, en toutes choses, et s'en éloigne. Il donne la lumière à tout ; il est caché et inconnu, quand il existe par lui-même ; il est lumineux et invisible, disposé de soi-même à sa propre action. Excessivement mobile, il se communique à tout ce qui s'approche de lui ; il renouvelle les forces, conserve la

---

14 *La Philosophie occulte* (Trad. Française).

nature. Il comprend tous les autres états de la matière et les pénètre tous sans avoir besoin d'aucun d'eux pour exister. Il est actif, puissant, présent invisiblement à toutes choses. Il réduit parfois subitement la, matière inférieure à lui. Il est impalpable ; sans diminution, puisqu'il se communique libéralement à tout. Il est dans tous les êtres : dans la pierre, puisqu'un coup brusque l'en « fait sortir sous forme de feu ; dans la terre, qui fume en la fouillant ; dans l'eau, qui s'échauffe parfois dans les fontaines ; dans l'air, que nous voyons souvent s'échauffer, etc., etc. »

Tels étaient les enseignements des anciens philosophes sur la formation de notre monde et l'origine de la matière. On y reconnaîtra facilement la doctrine occulte des trois mondes : divin, astral, physique ou plan des principes, des lois et des faits.

Pour compléter ces notions élémentaires, il me reste à parler de la *putréfaction*, qui se rattache étroitement aux idées des Hermétistes, puisque tout le livre de notre auteur est basé sur la façon dont la nature détruit les corps par la putréfaction et les reconstitue ensuite. C'est un point extrêmement important sur lequel je voudrais attirer l'attention du lecteur.

Pourquoi, en effet, Rupe Scissa, dont nous allons essayer les secrets, recommandait-il toujours de commencer par faire pourrir les corps dont on aura à s'occuper ?

Il obéissait en cela à la Soi alors en vigueur. Aujourd'hui, si un pharmacien prenait le soin de faire pourrir les plantes qu'il prépare, il ne pourrait y arriver, le temps lui manquant ; aussi, ses produits sont-ils extrêmement loin d'atteindre au dynamisme, à la radioactivité des élixirs alchimiquement préparés.

On trouvera ci-dessous un résumé sur la putréfaction que les philosophes ne craignaient pas d'appeler *la clef de la nature*.

Lorsque l'éther est seul, il est incorruptible ; mais, dès qu'il se mêle aux éléments, il pourrit aussi avec eux de façon à créer son semblable dans les éléments inférieurs (c'est-à-dire dans; la matière minérale, végétale, animale), telle qu'elle paraît à nos yeux. Les corps matériels ne peuvent être produits et détruits sans la putréfaction.

Leur faculté de putréfaction varie beaucoup ; elle est très grande chez les animaux, moindre chez les végétaux, à peine sensible chez les minéraux (sauf pour le fer).

Par la putréfaction, les minéraux deviennent végétaux ; les végétaux, animaux. C'est le forgeron merveilleux, qui fait d'un solide un liquide, d'un liquide un gaz, d'un gaz un éther, et inversement. Il y a dans toute putréfaction, un Esprit qu'on pourrait appeler force de dissociation : il sépare le pur de l'impur ; il conjoint et coagule les molécules formant un être et cela, jusqu'au terme de cet être ; puis, il le putréfie de nouveau, il le résout, le sépare ; cet esprit est donc le générateur, le conservateur, le destructeur et le régénérateur de toutes choses.

Dans son principe, il est entièrement invisible et intangible ; mais lorsqu'il descend dans un corps, il est matérialisé en partie ; il devient alors visible et palpable ; il parait à nos yeux sous une forme très blanche, cristalline, transparente ; il est froid comme la glace, et cependant, s'il était rassemblé en grande quantité, il ferait tout sauter.

« C'est lui qui cause les tremblements de terre ; il est répandu dans toutes les créatures et les fait vivre. Il est le principe de la naissance, de la destruction, de la régénération. Il n'est jamais en repos.

« Riplée définit la putréfaction, la mort des corps et la division des matières de notre composé, qui les conduit à la corruption et les dispose à la génération. La putréfaction est l'effet de la chaleur des corps, entretenue continuellement, et non d'une chaleur appliquée manuellement. Il faut donc se donner garde de pousser la chaleur excitante et extérieure au-delà d'un degré tempéré ; la matière se réduirait en cendre sèche et rouge, au lieu de noir, et tout périrait.

CHAPITRE I

« La putréfaction succède ordinairement à la solution, et souvent on la confond avec la digestion et la circulation. On regarde la putréfaction comme le quatrième degré des opérations chimiques : elle en est LE PRINCIPAL et devrait être regardée comme le *premier* ; mais l'ordre et le mystère demandent qu'on, lui donne cette place, dit Paracelse ; elle est connue de très peu de gens ; et ces degrés ajoute-t-il (livre VII de *la Nature des choses*), doivent se succéder comme les anneaux d'une chaîne., ou les échelons d'une échelle ; desquelles, si on en ôte un, il y aurait une interruption, le prisonnier se sauverait, l'on ne pourrait parvenir au but que l'on se propose et tout l'œuvre périrait.

« La putréfaction a tant d'efficacité qu'elle détruit la nature ancienne et la forme du corps putréfié ; elle le transmue dans une nouvelle manière d'être pour lui faire produire un fruit tout nouveau. Tout ce qui a vie y meurt ; tout ce qui est mort s'y pétrifie et y trouve une nouvelle vie. La putréfaction ôte toute âcreté dès esprits corrosifs du sel et les rend doux ; elle charge les couleurs, elle élève le pur au-dessus et précipite l'impur en les séparant l'un de l'autre.

« Lorsque les physiciens disent qu'il ne se fait point de génération sans que la putréfaction ait précédé, on ne doit pas l'entendre d'une corruption ou putréfaction intime des principes du mixte et de la substance propre du composé, mais de celle oui produit simplement la solution du sperme extérieur[15] et qui dégage les principes des liens qui les embarrassaient et les empêchaient d'agir. Lorsque la putréfaction passe ce degré, les diverses espèces de mixtes[16] n'engendrent pas leurs semblables, et dégénèrent en d'autres mixtes, comme le froment dégénère en ivraie. Ainsi la putréfaction entière ou substantielle éteint la forme du mixte.

« La putréfaction physique d'un corps est la « purgation de l'humide radical (corps astral) « par la fermentation naturel le et spontanée des « principes purs et homogène avec les impurs « et les hétérogènes » (Pernéty).

On comprend donc qu'il faut commencer par faire pourrir un corps sur lequel un veut agir, car ainsi on l'ouvre, on le dispose à un changement, à une évolution, puisque c'est la voie suivie par la nature elle-même.

On le voit, ces notions sur la putréfaction complètent bien cet aperçu des idées des anciens Hermétistes sur la nature.

Je vais maintenant tenir la promesse que j'ai fait de citer *in extenso* deux ou trois expériences alchimiques.

---

15   La force qui tient réunies les molécules d'un corps dans une forme extérieure.
16   Un mixte est ce que nous appelons corps composé.

La première est destinée à donner la preuve que la nature, ne mêle jamais les divers corps sans se conformer à leur degré de subtilité.

La deuxième, la plus importante, à faire voir que l'eau de pluie, la rosée contiennent les quatre éléments (les trois règnes de la nature).

La troisième, enfin, permet de rendre visible la forme que prend sur le plan physique l'esprit : universel.

PREMIÈRE EXPÉRIENCE

Prenez une terre quelconque des champs, ou des prés ; versez-y de l'eau et broyez bien ; laissez ensemble reposer ; les parties les plus grosses de la terre se précipiteront, et l'eau se chargera de la partie la plus subtile qui constitue le « sel » (ou bien entre l'esprit et le corps de cette terre) (*corps astral*).

Lorsque la partie la plus grossière, ou terre, est enlevée, l'eau ne peut plus agir sur la terre qui reste, étant trop faible pour cela.

« Il faut donc d'abord réduire en eau la terre plus faible qu'elle contient encore, et on y arrive par une distillation ; elle acquerra alors de nouveau la force de séparer dans la terre restante les parties les plus subtiles des plus grossières, de les réduire également, en eau qui agisse de nouveau sur la terre, et ainsi de suite. »

DEUXIÈME EXPÉRIENCE

« Prenez et amassez de la rosée ou de la pluie, ou de la neige, des frimas ou de la gelée, lesquels vous voudrez (le procédé sera plus court et meilleur si vous prenez de l'eau de pluie, surtout quand il tonne) ; mettez-la, dans un tonneau propre, filtrez-la, afin qu'elle ne retienne pas de saletés des toits ou du tonnerre.

Vous aurez une eau cristalline, claire et transparente, qui n'a point de goût particulier et qui ressemble à l'eau de fontaine. Bref, une eau très limpide, très pure et très bonne à boire. Mettez cette eau en un endroit tiède sous un toit, où le soleil, la lune, le vent ni la pluie ne puissent donner ; couvrez-la d'un linge, ou d'un fond de tonneau afin, qu'aucune impureté n'y puisse tomber ; laissez-la dans cet état pendant un mois sans la remuer ; vous y verrez pendant ce temps-là une grande altération dans sa nature ; elle commencera bientôt a être mise en mouvement par l'esprit qui y est implanté ; elle tiédira et s'échauffera insensiblement, se putréfiera, deviendra puante et nébuleuse.

« On y verra l'*esprit* ou l'*archée* opérer une séparation du subtil d'avec le grossier, du clair avec l'épais, car il s'y élèvera une terre qui s'augmentera de plus en plus, deviendra pesante et tombera au fond. Cette terre, que l'archée sépare est de couleur brune, spongieuse, aussi douée au tact qu'une laine fin, gluante, visqueuse et oléagineuse. C'est le véritable *Guhr* universel.

« Le curieux verra sensiblement deux choses, savoir : l'*eau* et la *terre* dans lesquelles le *ciel* et l'*air* sont cachés ; car nous ne pouvons pas voir le ciel, à cause de la faiblesse de notre vue ; nous voyons bien l'air, lorsqu'il vole dans sa sphère en forme de vapeur, fumée, ou brouillard, mais ici, l'air est réduit en eau et contenu dans l'eau, de même que le ciel. L'amateur y trouvera donc deux éléments visibles, l'eau et la terre[17]. Auparavant, il n'y avait qu'une eau volatile ; à présent, la terre s'est rendue visible, par la bénignité de la putréfaction ou de la tiède digestion ; quant au ciel et à l'air[18], il faut que nous les cherchions par une autre voie.

« Après que l'eau de pluie s'est ainsi troublée, remuez bien le tout ensemble, versez-la dans un matras de cuivre que vous mettrez sur un fourneau, faites-y du feu par-dessous, afin que l'eau commence à s'évaporer,

---

17   Matières liquide et solide.
18   Parties les plus claires de l'eau.

et vous verrez sortir du matras une vapeur, une exhalaison, fumée ou brouillard; voilà l'air[19] qui renferme en soi le ciel.

« Si vous voulez prendre l'air et le réduire en eau, conjointement avec le ciel, vous n'avez qu'à adapter au matras un chapiteau à bec avec son vase de rencontre, comme font les distillateurs d'eau-de-vie; cette vapeur se condensera dans le chapiteau et s'élèvera en forme d'une eau claire et cristalline dans le récipient; distillez la quatrième partie de l'eau que vous avez mise dans le matras, vous aurez le ciel et l'air joints ensemble, et séparés de l'eau et de la terre sous la forme d'une belle eau.

Vous y distinguerez le ciel par son éclat lumineux, car cette eau, surtout si elle a été rectifiée, sera beaucoup plus éclatante qu'elle n'était auparavant, ou que n'est une eau de fontaine, quelque limpide qu'elle soit; ce qui démontre clairement qu'elle contient une vertu supérieure ou qu'elle renferme en soi une qualité céleste. Après que vous aurez l'air et le ciel, vous les mettrez à part, et continuerez à distiller jusqu'à une consistance épaisse comme du miel fondu, mais point; jusqu'à siccité; car vous brûleriez la terre vierge encore tendre, et qui n'a pas acquis la suprême fixité; vous mettrez

---

19   Les parties les plus volatiles de l'eau.

CHAPITRE I

à part cette seconde eau distillée qui est le troisième élément.

« Pour ce qui est resté dans le matras, c'est-à-dire la terre encore très humide, vous la retirerez proprement et la mettrez dans un plat de verre que vous exposerez au soleil pour la dessécher tout à fait, jusqu'à ce que vous puissiez la réduire en poudre avec les doigts ; ainsi vous aurez les quatre éléments devant les yeux : matière solide, liquide, gazeuse, éthérée, liquéfiée, mêlée à l'eau.

« Assurons-nous maintenant que ce sont les quatre éléments, car sans cela, ce que nous en avons dit, serait faux : savoir que c'est d'eux que toutes les choses sublunaires prennent naissance. Il ne faut pas que personne aille s'imaginer de pouvoir produire, avec cette eau, des étoiles, des météores, parce que cette eau est elle-même une production météorique ; ainsi, je n'en parlerai point, nous examinerons seulement si cette eau quadruple peut procréer ce qui nous est nécessaire, savoir : les animaux, les végétaux et les minéraux, lesquels servent à notre usage et dont nous tirons notre subsistance.

« Prenez donc de cette terre, et, si vous voulez en faire des minéraux, humectez-la un peu avec son eau dans un matras et exposez-la à la chaleur du soleil dans un endroit où ses rayons ne puissent darder. Lorsqu'elle sera sèche, humectez-la de nouveau avec son eau, mais point avec le ciel et l'air (ou avec celle qui renferme le ciel et l'air); répétez ces humectations et dessiccations plusieurs fois, et, si vous voulez, vous réduirez par-là toute la terre en terre minérale. Vous trouverez que, par les humectations et dessiccations, la terre sera devenue pesante et sablonneuse, notez qu'il suffira que le matras soit toujours a bouché avec un chiffon de papier seulement, et même pas trop serré, afin que l'air y puisse mieux pénétrer.

« Lorsque vous verrez que la terre sera réduite en sable, vous ne douterez plus que le sable ne soit; un minéral, car, sûrement, il n'est ni dans la classe des végétaux, ni dans celle des animaux; par conséquent, il ne saurait; être qu'un minéral. Lorsque vous aurez quantité de ce sable, prenez-en un peu, faites-en un essai, comme on le fait avec une terre minérale, et vous y verrez un vestige d'or et d'argent.

« Si de la terre susdite vous voulez tirer un végétal, prenez de cette terre desséchée et pulvérisée parla chaleur du soleil 2 parties de son eau et 1 partie de ciel et d'air; mêlez ces eaux ensemble et humectez-en la terre comme font les jardiniers, de manière qu'elle ne soit ni trop sèche ni trop humide, exposez-la à l'air, non au soleil, et vous y verrez croître toutes sortes de petites herbes. Si vous y mettez de la graine d'une plante, le fruit de cette, semence ne manquera pas d'y croître ; par-là vous aurez une procréation végétable.

« Si vous voulez en tirer de l'animal, vous prendrez de la susdite terre desséchée au soleil et pulvérisée, et vous la détremperez avec 1 partie d'eau et 2 ou 3 parties de ciel et d'air mêlez ensemble, y ajoutant de ce mélange, jusqu'à ce que la terre soit de consistance d'un miel clair fondu ; mettez-la dans un endroit tiède, à une petite chaleur du soleil de manière qu'il n'y darde pas trop ses rayons ; vous y verrez dans peu de jours un remuement et un fourmillement de toutes sortes de petits animaux de différentes espèces. Si l'eau et l'humidité diminuaient trop, vous l'humecterez de nouveau avec le même mélange d'eau, afin que tout reste dans la même consistance mielleuse. Vous verrez que les premiers animaux disparaîtront en partie ; qu'il en naîtra d'autres, que quelques-uns serviront en partie de nourriture à quelques autres qui en tireront leur subsistance et leur accroissement.

« J'enseignerais volontiers ici une manipulation, par laquelle on pourrait produire toutes sortes d'animaux de l'espèce qu'on voudrait ; mais, alla qu'on ne me taxe pas de m'ingérer dans les fonctions du Créateur, j'aime mieux en garder le silence. On devrait pourtant raisonner avec plus de solidité et penser que Dieu a créé tout de rien et sans matière, au lieu que nous, en voulant l'imiter faiblement, nous ne saunons ricins passer de la matière créée. Dieu ne nous a pas défendu de nous recréer dans ses ouvrages et ses créatures, mais il le commande plutôt à ses élus, et le leur a révélé en secret comme une science cabalistique par laquelle ils peuvent parvenir de plus en plus à la connaissance de Dieu. »

Nous voyons par cette belle expérience que, l'eau de pluie et la terre qu'elle contient peuvent reproduire les trois règnes. Nous pouvons donc être certains qu'elle est la semence universelle de laquelle toutes choses peuvent être procréées une fois qu'elles ont été formées en principe dans le chaos originel.

Peu de gens connaissent la cause de la fécondité que donne l'eau de pluie. Certes, c'est l'esprit qu'elle renferme qui agit, mais il est trop volatil pour qu'elle puisse le faire sans prendre un corps palpable et visible. Beaucoup touchent souvent le corps sans s'en douter, et on peut le re-cueillir en quantité. Très peu de gens connaissent l'origine de cette semence concentrée, condensée, qui est réellement « l'esprit du monde » dans un corps diaphane, cristallin. C'est une eau sèche qui ne mouille pas les mains, une terre aqueuse et ignée ; un feu coagulé ; une chose, en un mot, plus précieuse que tous les trésors.

CHAPITRE I

Voici comment on peut le rendre perceptible à nos sens :

TROISIÈME EXPÉRIENCE

« Prenez de l'eau putréfiée du tonneau ci-dessus plein un vase de verre ou un chaudron, faites-la évaporer sur le feu jusqu'au tiers, laissez-la refroidir jusqu'à la petite tiédeur. Filtrez-la bien de toutes les fèces dans un vase ou plat d'étain, de verre ou de bois ; plongez ce vase dans une eau fraîche.

« Vous verrez dans une nuit cet esprit du monde s'y montrer en deux différentes formes, ou y prendre deux corps différents l'un cristallin, diamantin et transparent, qui s'attachera aux côtés et aux bords du vase ; et si on met, dans le vase, des petits morceaux de bois, il s'y attachera aussi et l'autre restera au fond en une forme tirant un peu sur le n brun.

« Prenez séparément celui qui s'est attaché aux côtés et aux bords du vase ; conservez-le bien proprement ; retirez aussi celui qui est au fond, en versant l'eau par inclination ; séchez-le bien au soleil ou doucement sur un fourneau tiède ; conservez-le aussi séparément *adressez-vous avec ces deux au boiteux Vulcain (au feu) ; il vous dira qui ils sont et comment ils s'appellent.*

« Jetez le premier qui s'est attaché aux côtés du vase sur des charbons ardents; son inflammation subite vous apprendra que c'est le *nitre*. Jetez aussi le second sur les mêmes charbons; au bruit qu'il fera, vous reconnaîtrez le sel : un sel ordinaire, alcalin et décrépitant. »

J'espère que ces trois réalisations, quoique difficiles à reproduire, feront bien comprendre la pensée de l'auteur.

J'aurais pu continuer encore ces citations intéressantes qui nous révèlent l'âme des philosophes.

Je dois me borner; et ces quelques notes seront, j'espère, suffisantes pour le but que je me proposais.

Passons donc à l'étude du laboratoire compliqué des alchimistes et de son adaptation moderne.

CHAPITRE II

LES ANCIENS APPAREILS DES HERMÉTISTES

J'ai résumé précédemment, à titre de documentation, quelques-unes des théories principales des alchimistes sur la nature, et j'ai cité un certain nombre d'expériences types d'art spagyrique, non pour qu'on les reproduise, ce que je crois extrêmement difficile, mais pour faire voir ce que pourraient obtenir en dehors de la pierre, les initiés Hermétistes, et pour faire comprendre que les expériences, les faits venaient réellement en seconde ligne, les principes et les lois étant jugés par eux bien autrement importants.

Dans le même but, avant de donner quelques conseils pratiques et de décrire le très simple laboratoire moderne, je voudrais consacrer quelques pages à titre de curiosité et aussi d'enseignement, à la reproduction sommaire des principaux instruments et appareils de l'ancien laboratoire.

On verra que cette étude ne sera pas inutile; de plus, les planches ci-jointes ne sont pas très faciles à trouver en dehors des bibliothèques. Les numéros placés sous chaque figuré permettront de se reporter à l'appareil décrit.

Voici, d'abord, quelques détails sur les fourneaux[20] : « Les philosophes alchimiques ont aussi leur fourneau, dont ils font un grand secret. D'Espagnet qui passe entre eux pour véridique, le décrit ainsi : Ceux qui sont expérimentés dans les opérations du magistère ont appelé *fourneau* ou four le troisième vase qui renferme les autres et conserve tout l'œuvre, et ils ont affecté de le cacher fort secrètement ; ils l'ont nommé *Athanor* parce qu'il entretient un feu immortel et inextinguible ; car il administre dans les opérations un feu continuel, quoique inégal quelquefois selon la qualité de la matière et la grandeur du fourneau.

« On doit le faire de briques cuites où de terre glaise ou d'argile bien broyée et tamisée, mêlée avec du fumier de cheval et du poil, afin que la force de la chaleur ne le fasse pas crevasser ; les parois auront trois ou quatre doigts d'épaisseur, pour pouvoir mieux conserver la chaleur et résister à sa violence.

---

20 Don Pernety.

CHAPITRE II

« Sa forme sera ronde, sa hauteur intérieure de deux pieds ou environ ; l'on adaptera au milieu une plaque de fer ou de cuivre, percée de quantité de trous soutenue de quatre ou cinq broches de fer, enchâssée dans les parois du fourneau. Le diamètre de cette plaque aura près d'un pouce de moins que le diamètre intérieur du fourneau, afin que la chaleur puisse se communiquer, plus aisément, tant par les trous que par l'espace qui reste vide entre la plaque et les parois. Au-dessous de la plaque sera pratiquée une petite porte pour administrer le feu, et au-dessus, une autre pour examiner les degrés du feu avec la main. Vis-à-vis de cette dernière, on pratiquera une fenêtre close avec du verre, afin de pouvoir par-là voir les couleurs qui surviennent à la matière pendant les opérations. Le haut du fourneau doit être fait en dôme, et la calotte doit être amovible pour pouvoir mettre les vases contenant la matière sur le trépied des arcanes qui sera posé au milieu de la plaque. Lorsqu'on a posé ainsi les vases, on met la calotte sur le fourneau, et on en lute les jointures, afin que tout ne fasse plus qu'un corps. Il faut aussi avoir soin de bien clore les petites fenêtres pour empêcher que la chaleur ne s'exhale. »

Philalèthe en donne une description à peu près semblable.

« Quoique les philosophes chimiques n'aient pas communément divulgué la construction du fourneau dont nous venons déparier, ce n'est cependant pas celui qu'ils appellent leur fourneau secret » ; ils entendent souvent par a là, *le feu de la nature*, qui agit dans les mines pour la composition des métaux, et, plus souvent, leur eau céleste ou leur mercure ; c'est pourquoi Philalèthe (*fons chimicae philosophicae*) dit. *Nous n'avons donc qu'un a. vase, qu'un fourneau, qu'un feu, et tout cela a n'est qu'une chose, savoir : notre eau.*

« Si la Chimie hermétique est vraie, ceux qui cherchent la pierre philosophale par les vases de la chimie vulgaire ont donc grand tort de faire construire tant de différents fourneaux, suivant les opérations différentes auxquelles ils veulent procéder : l'un pour les sublimations, un autre pour les calcinations, un troisième pour la fusion, un quatrième pour le réverbère, un autre pour les digestions, plusieurs enfin pour les diverses distillations. Tous les philosophes chimiques s'accordent tous à dire qu'il n'en faut qu'un *seul qui sert à toutes ces différentes opérations qui se font toutes dans le même vase sans le changer de place.* Ce qui a fait dire au cosmopolite connu sous le nom de *Sendivogius* : Si Hermès, le, père des philosophes, ressuscitait aujourd'hui avec le subtil Geber, le profond Raymond Lulle, ils ne seraient pas regardés comme des philosophes par nos chimistes vulgaires, qui ne daigneraient presque pas les mettre au nombre de leurs disciples, parce qu'ils ignoreraient la manière de s'y prendre pour procéder à toutes ces distillations, ces circulations, ces calcinations et toutes ces opérations innombrables que nos chimistes vulgaires ont inventées pour avoir mal entendu les écrits allégoriques de ces philosophes. »

Le fourneau, dit l'alchimiste Rhenanus (1613), est l'appareil dans lequel le feu est gouverné convenablement et avec habileté, afin de faire subir à la matière un certain travail chimique. Il peut être ouvert ou non. Les fourneaux ouverts sont ceux dont la partie supérieure est ouverte ; on les divise en fourneaux à essai et en fourneaux à air. Le fourneau à essai ou docimastique est un fourneau ouvert, dans lequel les métaux les plus parfaits sont purifiés, essayés. Ce fourneau, le plus souvent en terre ou en fer, de peu d'épaisseur rarement en briques, se construit de la, façon suivante (fig. 1). On prend une plaque de fer ou de terre réfractaire ; on la dispose en cadre, de façon que la largeur d'un pied divisé en douze parties constitue l'étendue de la base et six fois en fasse la longueur ; mais, quand en longueur la mesure a été prise huit fois, le fourneau doit être incurvé, en lui donnant une légère inclinaison de façon qu'il devienne plus étroit de quatre mesures et que l'ouverture conserve seulement la valeur de sept mesures. Il convient alors que l'épaisseur de la plaque soit d'une mesure et demie, mais, par contre, que le fond et la base en terre marquée par la lettre A n'ait que trois quarts de mesure. Ceci fait, il faut prendre à nouveau trois mesures à partir de la base et quatre en largeur qui vont constituer l'ouverture du bas indiquée parla lettre B. À partir du sommet de cette ouverture, la paroi doit être continuée par deux mesures qui remplissent l'espace compris entre cette même ouverture et celle qui lui fait suite immédiatement ; cet intervalle est marqué par la lettre C. De là, on compte encore trois mesures et demie et quatre en largeur. Ce qui fournira l'emplacement et les dimensions de cette deuxième ouverture qui se fera en D.

On portera au-dessus d'elle la longueur d'une mesure et on percera au milieu un petit trou, à peine de la dimension d'un petit doigt et qui permettra de remuer le charbon avec une tige de fer. De plus, à trois quarts de mesure, de cette ouverture à gauche et à droite, on fera deux autres trous marqués FF, admettant à peu près un doigt ; dans ces trous auxquels doivent correspondre deux autres trous dans la paroi opposée, il faut placer des tiges de fer, qui a la paroi intérieure dépassent de quatre doigts ; alors à chaque ouverture, pour modérer le feu, on pratiquera une porte avec une anse destinée à la saisir. La porte supérieure aura un trou

FIG. 1

oblong pour qu'une fois fermée, rien ne soit cependant inaccessible aux regards; l'inférieure en aura un rond et plus grand pour le tirage. Sur la tige de fer est placée une plaque de terre creusée sur trois faces, pour que les cendres puissent passer, la quatrième face intacte, et bien appliquée sur la paroi antérieure. Par-dessus est placé le plancher du four et du moufle qui doit être sur les cotés et en arrière de deux mesures et demie; en outre, un trou rond est creusé près de l'ouverture supérieure pour ménager l'air : il est indiqué par G, lettre qu'on trouve également sur la fenêtre de la porte inférieure. Tout cela ainsi disposé, on imprime dans la terre encore molle des fossés ou sillons destinés à recevoir des plaques de fer qui renforcent le fourneau ; celui-ci est enfin mis à sécher au soleil et porté au potier qui le cuira soigneusement.

C'est là la meilleure manière de construire un fourneau docimastique, autant parce qu'il ne s'obstrue pas facilement par les cendres et qu'il est propre, en outre, à toute opération docimastique, que parce qu'il dépasse de beaucoup tous les autres par son heureuse disposition pour diriger le feu.

Après avoir parlé de fourneaux simples, nous sommes amenés aux fourneaux composés ou complexes, c'est-à-dire ceux où un feu unique entretient plusieurs fourneaux, c'est l'*athanor*.

L'*athanor*, aussi appelé fourneau philosophique ou secret, est spécialement construit en vue de fournir une chaleur convenable, le feu n'atteignant pas le vase pour l'élaboration de la pierre secrète des philosophes. Bien des gens ont imaginé de nombreux modèles de ce même fourneau ; toutefois, il en est un de notre invention qui nous paraît bien remplir le but désiré et qui surpasse tous les autres, non seulement par le fait de la contiguïté du feu, mais aussi par sa modération facile. On fait (fig. 2) un mur rond, haut d'un pied avec un espace laissé libre sur une face pour l'ouverture servant à extraire les cendres ; on établit dessus une grille de fer, et, sur cette grille on élève un mur en hauteur comme une petite tour plus large en bas qu'en haut, ce que nous indiquons parla lettre D ; au-dessus de la grille, on ménage une autre petite ouverture C, afin de remuer le charbon avec un crochet de fer.

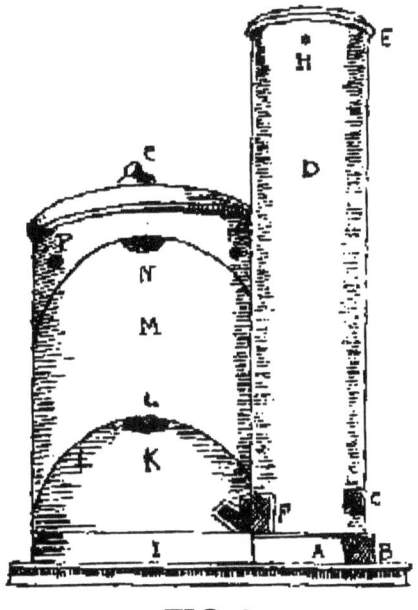

FIG. 2

C'est cette tour que l'on remplit de charbon jusqu'en haut et qu'on ferme ensuite avec un couvercle de terre

E ; par derrière, à proximité de la grille, nous laissons ouvert un trou F, pour que la chaleur pénètre dans l'athanor, et, ce trou, nous le fermons avec une plaque ou porte G que quelques-uns appellent « registre », et que l'on peut soulever ou abaisser à volonté. À cette tour ainsi construite, nous annexons un fourneau latéral, ou athanor proprement dit ; on fait un mur rond, d'un pied et demi de haut appliqué exactement au mur postérieur de la tenir marquée I ; sur ce mur nous élevons un four cintré K, laissant au sommet de la voûte un trou L comme un thaler impérial par lequel la chaleur, qui s'est en quelque sorte réverbérée en cet endroit grâce à la voûte, puisse monter dans le four suivant ; de cette même voûte, nous élevons un autre mur d'un pied et demi, et nous le fermons par la voûte N, au sommet de laquelle nous pratiquons un orifice O, comme à celle du bas. Il faut sur une face de la partie médiane laisser un endroit libre par lequel on peut entrer et retirer la matière, car c'est cette partie médiane qui est le siège du travail que va subir la matière dans son vase placé sur un trépied.

À cette ouverture il faut une porte bien appliquée et qui ferme parfaitement, de peur qu'un peu d'air puisse s'introduire par cette voie ; quatre doigts au-dessus de cette seconde voûte à partir de sa base, on ménage quatre soupiraux avec leurs obturateurs PP servant à augmenter ou à diminuer la chaleur, et l'on ferme le fourneau avec la troisième voûte Q.

Passons maintenant aux autres instruments. On remarquera leur forme volontairement en rapport soit avec l'homme, soit avec les animaux. On a conservé à ces dessins leur naïveté primitive. Ils correspondent aux divers degrés de feu.

La fiole (*phiala*) est un vase de terre au ventre sphérique, au col long et grêle; on l'emploie fréquemment dans les solutions et coagulations (fig.3).

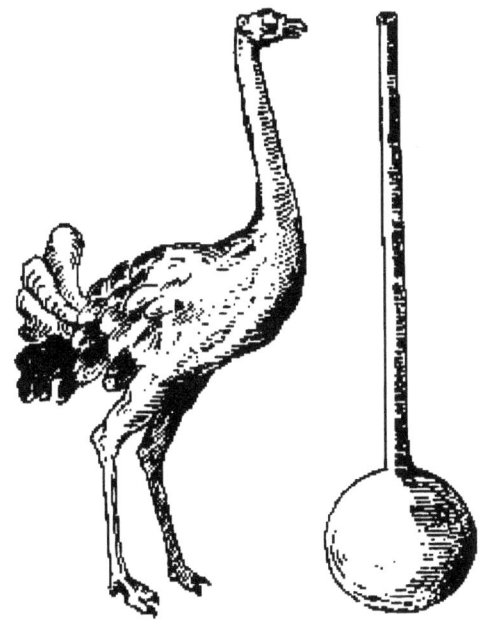

FIG. 3

Le *circulatorium* est un vase de verre dans lequel la liqueur y incluse, montant et descendant, est entraînée dans un mouvement rotatoire comme dans un cirque; on l'emploie dans les sublimations et circulations. Différentes personnes en ont imaginé plusieurs sortes; j'en citerai seulement deux très estimées et très employées qui nous plaisent davantage, à savoir: le *pélican* et le *Dyota*.

FIG. 4

Le pélican (fig. 4) est un vase circulatoire ayant la forme de l'oiseau et représenté au moment où il se perce la poitrine de son bec pour nourrir ses petits; il possède un large ventre se continuant par un col étroit, lequel, recourbé, vient déboucher dans le ventre lui-

CHAPITRE II 79

même. Au fond de ce vase est un canal, par où l'on verse la liqueur et qui est, au moment de la chauffe, scellé du sceau d'Hermès.

Le Dyota (fig. 5) est un vase circulatoire à deux anses, comme un homme qui aurait ses deux bras touchant ses côtés ; la partie inférieure est en forme de cornue au sommet de laquelle est un alambic ayant un canal destiné à y verser la liqueur. À cet endroit, se trouvent les deux bras recourbés amenant dans la cornue le liquide condensé dans le chapiteau.

Il y a aussi une autre espèce de Vase circulatoire, dont Raymond Lulle fit un fréquent usage et qu'il est intéressant de reproduire ici : la *cucurbite* est un vase au ventre d'habitude renflé en forme de courge (*cucurbita*) ou de poire ; il y a des cucurbites à fond plat, d'autres à fond rond. On trouvera enfin sur les figures 6 et 6 *bis* deux autres exemples curieux de vases rappelant la forme humaine et la forme d'un oiseau[21].

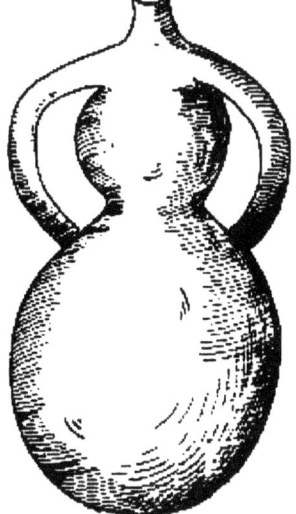

FIG. 5

---

21   Rhenanaus.

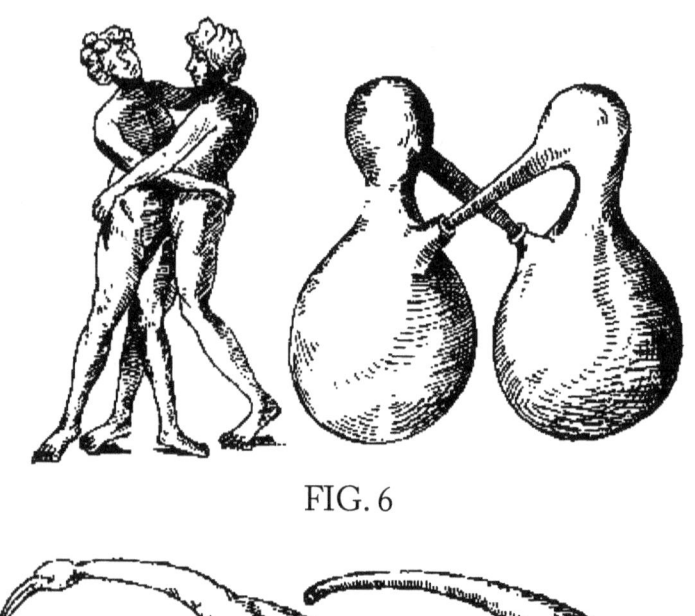

FIG. 6

FIG. 6 *bis*

Les appareils décrits ci-dessus, sont tirés d'ouvrages alchimiques ; voici maintenant quelques planches curieuses empruntées à la chimie célèbre de Lemery (1701). Elles sont, de nature à intéresser le lecteur et à lui donner une idée complète des anciens laboratoires.

CHAPITRE II

PLANCHE PREMIÈRE

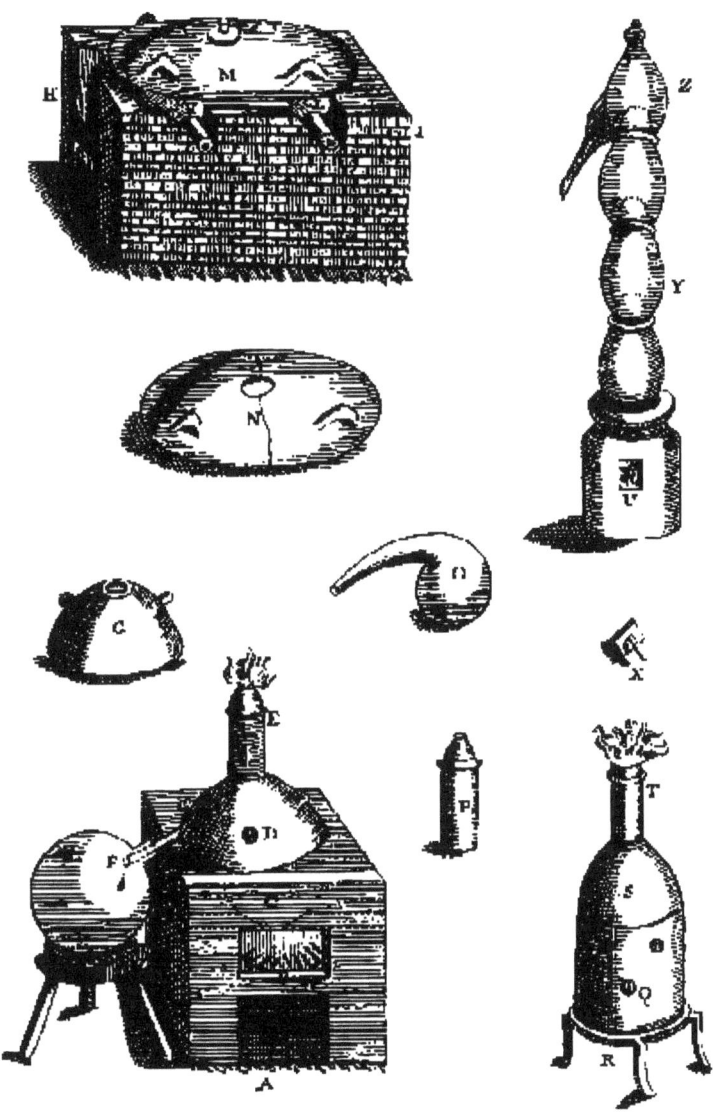

PLANCHE PREMIÈRE

Fourneau de réverbère fixe à une seule cornue.

A le cendrier. — B, le foyer. — C, la cornue soutenue par deux barres de fer. — D, le dôme. — E, petite cheminée. — F, ballon ou récipient. — G, dôme séparé du fourneau. — Hl, fourneau du réverbère fixe, à deux cornues sans récipient. — KL, les cols des cornues. — M, dôme avec son bouchon. — K, dôme séparé sans bouchon. — O, cornue ou retorte. — P, petite cheminée séparée. — Q, fourneau de fusion portatif avec ses trous ou registres. — B, trépied pour le soutenir. — S, dôme se séparant en deux pièces. — T, Petite cheminée. — U, pot de terre percé au milieu de sa hauteur. — X, son bouchon en bas. — Y, trois aludels de terre. — Z, Chapiteau de verre.

CHAPITRE II

PLANCHE 2

PLANCHE 2

AB, grand fourneau de réverbère fixe à six cornues. — C, porte du foyer. — DE, les six cornues soutenues par trois barres de fer. — FG, les six récipients adaptés aux cornues. — H, cornues séparées. — I, récipient de grès séparés. — K, fourneau fixe pour placer une grande cucurbite de cuivre. — L, cucurbite de cuivre étamée en dedans. — M, tête de maure. — N, tuyau de cuivre étamé passant dans un tonneau rempli d'eau. — O, récipient de verre. — P, robinet pour faire sortir l'eau du baril à mesure qu'elle est chaude. — Q, matras. — RS, matras avec son chapiteau adapté.

CHAPITRE II

PLANCHE 3

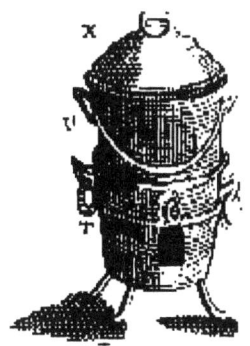

PLANCHE 3

A, fourneau fixe pour placer une grande cucurbite de cuivre. — B, grande cucurbite de cuivre étamée en dedans. — C, petit tuyau de cuivre avec son bouchon. — D, serpentin d'étain. —E, tête de maure. — F, G, deux barres de fer attaché à la muraille qui soutiennent le réfrigérant. — H, récipient. — 1, fourneau fixe pour placer un bain de vapeur. — K, grand bassin de cuivre qui entre dans le fourneau pour contenir l'eau. — L, soupirail. — M, anse du bassin. — N, grande cucurbite de cuivre étamée en dedans dont le fond s'emboîte dans le haut du bassin. — O, chapiteau et réfrigérant. — P, robinet pour faire sortir l'eau à mesure qu'elle est chaude. — Q, récipient. — R, siphon. — S, petit fourneau et une capsule avec du sable et une terrine remplie de liqueur au milieu pour faire évaporer. — T, petit fourneau.—V, la marmite an fer. —X, son couvercle.

CHAPITRE II

PLANCHE 4

PLANCHE 4

A, bain-marie de cuivre pour distiller à quatre alambics. — B, conduite pour faire entrer de l'eau chaude dans le bassin a mesure qu'il s'en consommera. — C, fourneau de fer sur quoi est posé le bain-marie. — D, bain-marie pour distiller par un seul alambic. — E, fourneau portatif pour distiller au feu de sable. — F, le cendrier et sa porte. — G, le foyer et sa porte. — H, la cucurbite entourée je sable. — I, le chapiteau. — K, le récipient. — L, cucurbite détachée- — M, chapitre u détaché. — N, fourneau de fer commun. — O, moule pour faire des paquets de régule d'antimoine. — P, Q, vaisseau de rencontre. — R S, pot avec un cornet de papier pour tirer les fleurs de benjoin. — T, verre pour faire l'huile de girofle. — V. toile liée autour du verre contenant les girofles en poudre. — X, écuelle de terre qui contient les cendres chaudes.

CHAPITRE III

LE LABORATOIRE MODERNE
ADAPTATION

Je pense avoir nettement indiqué mon but : Il est donc inutile de le répéter ici ; cependant, je veux encore affirmer que je n'ai eu la pensée d'orienter personne vers la recherche de la pierre philosophale ou de l'élixir (médecine universelle. Ce serait, à mon avis, prendre une grave responsabilité. J'ai voulu, d'abord, apporter mon modeste concours à l'œuvre de vulgarisation de la science antique à laquelle tant de maîtres ont consacré leur vie, puis mettre quelques étudiants sincères à même de reproduire d'anciennes et précieuses formules, trop oubliées.

La préparation de ces quintessences se rattache à l'alchimie très intimement, bien qu'on ne doive naturellement espérer y trouver ni la pierre, ni le mercure des sages ; elle s'y rattache par les principes philosophiques qui sont les mêmes, et par les procédés qui diffèrent beaucoup des manipulations chimiques ordinaires et se rapprochent de ceux des Hermétistes. Comme j'écris pour des débutants, étant un débutant moi-même, je vais donner des détails qui pourront sembler naïfs. Je m'en excuse auprès des *savants* qui me liront, mais il faut penser à ceux qui ne *savent* pas.

Le laboratoire sera très simple ; une grande table de bois blanc pour le fourneau à gaz, une planche pour mettre les cornues, les tubes, les vases, les produits minéraux, végétaux ou animaux employés ; une petite armoire fermant à clef pour renfermer les bocaux et vases pleins ; une prise d'eau facile, un bec bunsen, et c'est à peu près tout. Ne pas craindre de faire simple, plus il y aura de pauvreté dans l'installation, plus l'invisible nous aidera ; n'oublions jamais que nous ne pouvons rien seuls, et que c'est aux *petits*, non aux orgueilleux que les plus profonds secrets de la nature sont donnés, l'Évangile le dit en toutes lettres.

« *Rupe Scissa* » est bien partisan de cette manière de voir. J'ai remarqué que, lorsqu'il donne plusieurs façons d'opérer, c'est en général la moins chère qui est la meilleure ; on remarquera cela, par exemple, pour le vin : il recommanda d'abord de se servir de très bon vin, puis finit par dire qu'on *peu* prendre du vin pourri. Or, si nous nous souvenons du passage sur la putréfaction, nous voyons bien que c'est là en effet le meilleur procédé.

Notre petit laboratoire sera donc installé d'après ces idées. Ceci dit, nous allons, donner successivement des détails sur le chauffage, les différents degrés du feu, les luts ou fermeture des cornues, le petit nombre d'instruments nécessaires ; nous terminerons par quelques conseils concernant les manipulations.

Le chauffage. — D'une façon générale, on peut remplacer, surtout pour les préparations élémentaires, tous ; les fourneaux décrits plus haut parle simple fourneau à gaz.

Le gaz permet de commencer à un petit degré et d'aller progressivement jusqu'à une très forte chaleur. Il offre cependant un sérieux inconvénient : quand il s'agît de travaux exigeant une très douce chaleur, d'une durée ininterrompue, par exemple de dix ou quinze jours et même plus, on ne peut l'abandonner à lui-même sans surveillance ou sans gazomètres spéciaux : le moindre courant d'air pourrait l'éteindre et causer de graves accidents sans parler du travail perdu. Bien que le mot lampe à huile, dont se servent souvent les alchimistes, renferme un sens secret on pourra cependant se servir de l'appareil (fig. 7), fonctionnant à l'huile qui peut être sans danger abandonné à lui-même, pendant la nuit ; on n'aura qu'à changer les veilleuses tous les matins, à remettre de l'huile lorsque ce sera nécessaire, de façon à ce que le niveau reste toujours à peu près le même.

Bien entendu, il faudra changer les veilleuses, une à une, de façon à ce que la chaleur ne soit pas diminuée.

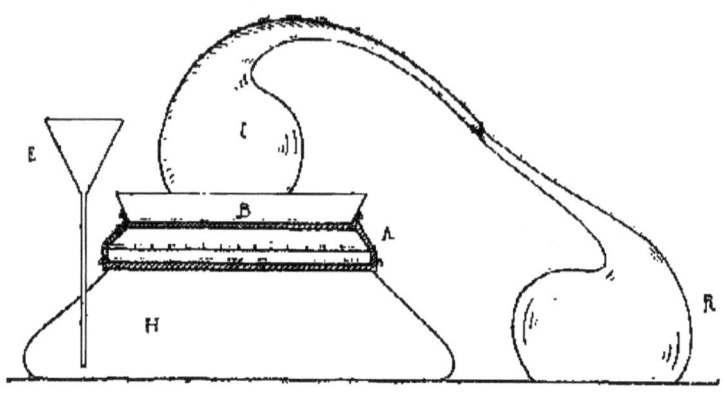

FIG. 7

On pourra aussi commencer par mettre six veilleuses, puis sept le lendemain, et augmenter ainsi jusqu'à dix environ.

En employant cet appareil et le ballon à long col, on pourra avoir des résultats très intéressants par la digestion soit de l'alcool, soit de l'eau provenant de la putréfaction des plantes, des minéraux ou des animaux.

Notons, cependant, que toutes les fois qu'il sera possible de travailler le jour et à des opérations durant seulement quelques heures, le gaz sera infiniment préférable. Puisque nous parlons du feu, rappelons-les : différents procédés destinés à obtenir des degrés variables de chaleur : le bain de sable, de limaille (fer ou cuivre), de cendres, le feu de lampe, le bain-marie, et enfin le feu directement placé sous le creuset ou la cornue. Pour les bains un simple plat de fer ordinaire rempli de sable, de limaille ou de cendres suffira. Il est inutile de décrire le bain-marie que tout le monde connaît suffisamment. Les anciens employaient aussi la chaleur douce due à la putréfaction du fumier, du marc de raisin, de la chaux vive, etc., mais, sauf à la campagne, cela revient à chauffer plus ou moins [22].

Le feu de limaille donne la chaleur la plus forte ; celui de cendres, la moindre. Dans bien des cas on a besoin d'une chaleur douce concentrée ; pour l'obtenir, l'étudiant ne pourrait se faire construire un *athanor* compliqué. Je recommande le procédé très simple et peu coûteux suivant que je dois à un alchimiste. Sur le gaz ou le fourneau à huile, on place d'abord un assez grand plat de fer contenant le bain de sable, puis un ballon à col long. Autour du ballon, une armature d'abat-jour en métal qui viendra se poser sur les bords du plat.

On recouvrira l'abat-jour d'une large serviette éponge, et c'est tout ; le liquide contenu dans le ballon

---

[22] En chimie moderne, on utilise parfois l'effervescence causée par l'acide sulfurique mis en présence de l'eau.

sera ainsi soumis à une chaleur très concentrée pendant tout le temps désiré.

Parlons maintenant des luts ; ils sont destinés à fermer le plus hermétiquement possible les cols des ballons ou cornues. On vend des cornues qui sont jointes par des fermetures à l'émeri, mais cela n'est pas suffisant, il faut encore y ajouter un lut. Les luts sont donc des enduits tenaces et ductiles qui deviennent solides en se desséchant ; voici les principaux ; mais le procédé le meilleur pour les circulations est sûrement le bouchon en verre soluble ou fusible qu'on trouve dans le commerce.

« Prenez du sable, du mâchefer, de la terre grasse ou argile en poudre de, chacun 5 livres ; de la fiente de cheval ou de la boue hachée menue, une livre de verre pilé et de sel marin ; de chacun quatre onces, (135 grammes) ; mêlez le tout, et, en faites une pâte avec une quantité suffisante d'eau de laquelle pâte ou lut on entourera la cornue jusqu'à moitié du, cou ; puis on la mettra, sécher à l'ombre... Ce même lut peut servir pour boucher les jointures du cou de la cornue avec le récipient ; mais, comme, en séchant, il durcit, fort et devient difficile à détacher, il est besoin de l'humecter avec des linges mouillés, lorsqu'on veut séparer le récipient d'avec la cornue.

« Le lut dont je me sers ordinairement en cette occasion n'est composé que de 2 parties de sable et de 1 partie de terre grasse pétris ensemble avec de l'eau.

« Si l'on a besoin d'un lut, qui se, sépare très facilement quand l'opération est faite, il faut détremper des cendres criblées, dans de l'eau et en faire une pâte ; mais ce lut est bien plus poreux que les précédents ; on peut le réhumecter quand on l'a retiré et s'en servir autant de fois qu'on voudra. Pour les jointures des alambics, on se sert de la colle commune avec du papier ; mais, quand on fait distiller quelque liqueur bien spiritueuse, comme l'esprit de vin, il faut se servir de la vessie mouillée qui porte avec elle une glu très facile à s'attacher. Que si cette vessie est rongée par les esprits, on aura recours à la colle suivante qu'on appelle : lut de sapience.

« Prenez de la farine et de la chaux éteinte, de chacune une once (33 grammes), du bol[23] en poudre demi-once (15 grammes) ; mêlez le tout et en formez une pâte liquide avec une quantité suffisante de blancs d'œufs que vous aurez auparavant bien battus avec un peu d'eau.

« Sceller hermétiquement et clore l'embouchure ou le cou d'un vaisseau de verre avec des pincettes rougies

---

23   *Terre argileuse.*

au feu. Pour ce faire, on échauffe le cou avec des charbons ardents qu'on approche peu à peu, l'on augmente, et l'on continue le feu jusqu'à ce que la Terre soit prête à se mettre en fusion ; on se sert de ce moyen de boucher les vaisseaux quand on a mis dedans quelque matière facile à être exaltée qu'on veut faire circuler. »

On en fait aussi avec des amandes pulvérisées et incorporées avec de la colle d'amidon, avec de la terre glaise séchée et pulvérisée et de l'huile de lin cuite avec un tiers de son poids.

Le lait de chaux se prépare en mettant dans un mortier un blanc d'œuf avec un peu d'eau ; on y ajoute de la chaux ; on a préparé des bandes de toile qu'on emploie aussitôt.

Voici maintenant une liste des principaux instruments usités ; ils ne sont pas tous indispensables, et on pourra encore en rejeter pour simplifier et diminuer les dépenses. Je dois cette liste à un alchimiste qui préfère rester inconnu. Je lui adresse ici tous mes remerciements.

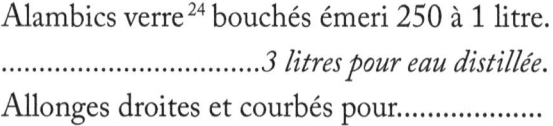

Alambics verre[24] bouchés émeri 250 à 1 litre.
.............................*3 litres pour eau distillée.*
Allonges droites et courbés pour.................

---

24 Les appareils dont les noms sont imprimés en italique, sont les plus utiles.

Appareils Rodriguet pour teintures à froid.
Ballons fonds ronds et plats assortis de volume.
....cols longs.
Barils verre à eau distillée.
Cristallisoirs de diverses grandeurs.
Cuvettes photo 9 x 12, 13 x 18 verre.
Entonnoirs verre.
Éprouvettes à gaz ; éprouvettes à pied.
Fioles d'attaque de diverses grandeurs (flacons à réactifs).
Flacons assortis cols droits et larges.
...................*assortis bouchés, émeri.*
Bocaux.
Matras d'essayeur, matras de Wurtz.
........................*verre et porcelaine.*
........................*fer.*
Verres à précipitation et à saturation.
à expériences.
de montre.
Capsules verres de Bohème.
Fioles Erlenmeyer assorties.
Agitateurs verre.
Ballons à distillations fractionnées.
Capsules porcelaine.
Cornues biscuit.
Creusets porcelaine.
Terrine grise.

Creusets terre.
Four à creuset.
...............à moufle.
Appareil à déplacement Schlœsing.
Réfrigérant.
Tubes à essais et support.
Éprouvette graduée.
Thermo 10 X 100 de laboratoire.
Bain de sable fonte ou cuivre. B
ouchons liège et caoutchouc.
Chalumeau d'analyse.
Marteau de minéralogiste.
Papier à filtrer.
Piles Bunsen et accessoires (inutiles pour nos essais).
Pince à tubes à essais.
Pince à creusets fer.
Supports à anneaux.
Lampe à alcool ou à gaz.
Bec Bunsen avec support.

La pratique, créant des besoins successifs, dicte mieux que toute autre méthode les appareils nécessaires aux études entreprises ; ceux qui suivent nous sont un peu personnels, nous ne les donnons qu'à titre de renseignements, non de modèles.

APPAREILS DE LIXIVIATIONS ET DIGESTIONS [25]

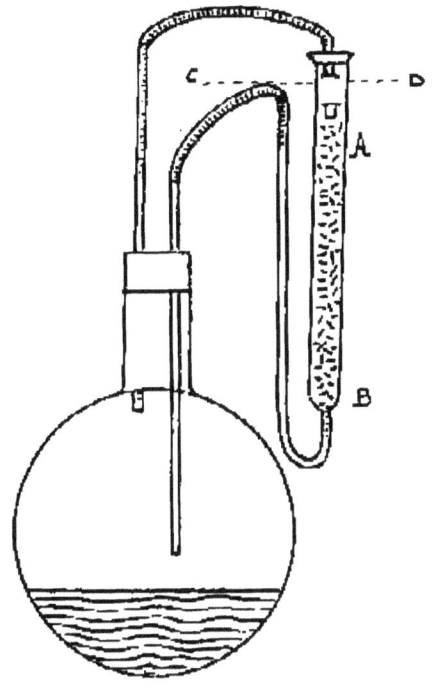

Fig. 8. — *Appareil digesteur et lixiviateur à froid.* — Même principe, mais la matière occupe le tube refroidisseur A B. Le liquide évaporé se condense sur cette matière jusqu'à ce qu'il occupe le niveau C D, où se siphonne dans le, ballon.

---

25   La lixivation est une opération au moyen de laquelle on enlève par lavage les sels alcalins que des cendres peuvent contenir.

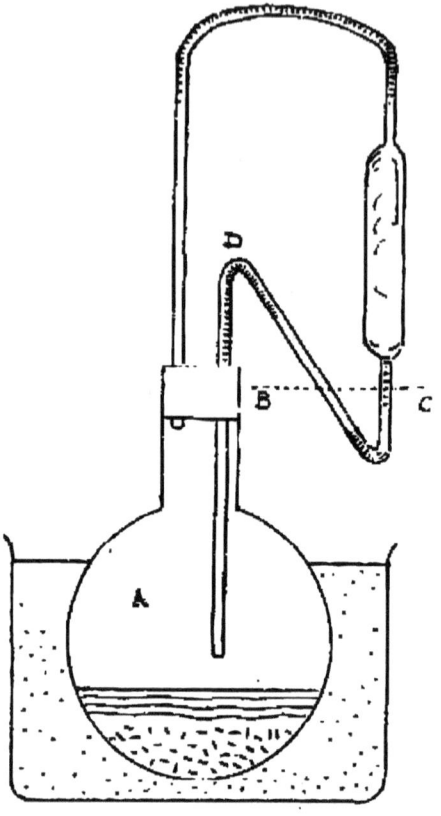

Fig. 9. — *Appareil digesteur à chaud.* — La matière située dans le ballon A est soumise au bain de sable ; sur le ballon est luté un tube courbé débouchant dans une allonge où se refroidissent les gaz et vapeurs. Lorsque le liquide condensé dans la courbe en BC atteint le sommet de cette courbe D, il se siphonne automatiquement et tombe dans le ballon pour être évaporé à nouveau.

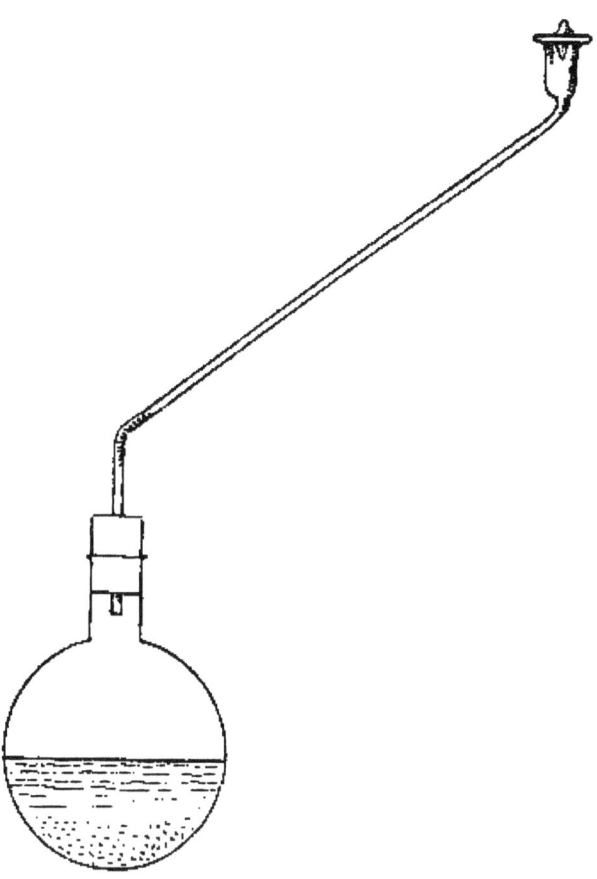

Fig. 10. — *Digesteur simplifié*. — Un ballon, un tube luté se terminant par un petit bouchon de verre simplement posé. Le liquide s'évapore dans les parties froides du tube et retombe ; une rosace du bouchon sur la bordure du tube assure une fermeture suffisante et sans danger.

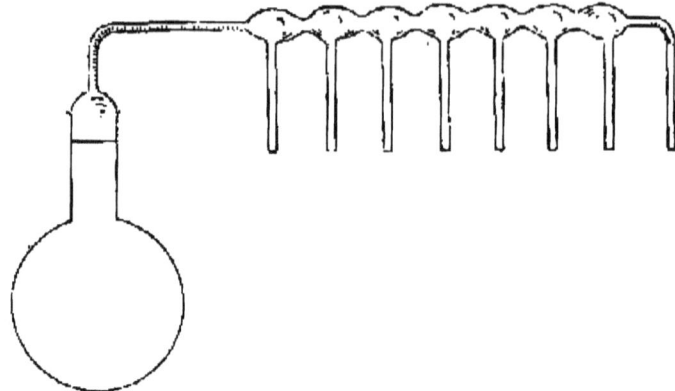

Fig. 11. — *Ballons à distillations fractionnées.* — Servant à recueillir les vapeurs se condensant à différentes températures. La figure montre mieux le fonctionnement que toute explication.

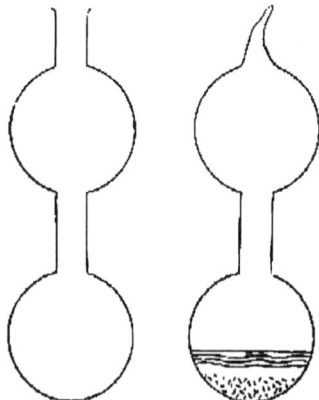

Fig. 12. — *Ballons pour l'œuvre.* — Faire souffler deux ballons soudés comme le montre la figure : remplir de la matière de l'œuvre et étirer le col du ballon supérieur : on se trouvera bien de faire un vide partiel dans les ballons avant de les fermer.

CHAPITRE III

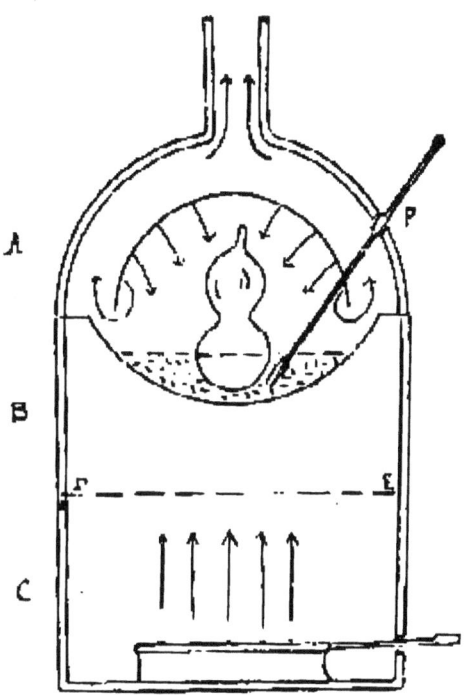

Fig. 13. — *Athanor I.* — Fait de terre réfractaire en trois parties, A, B, C. La première A sert de dôme et possède un réflecteur hémisphérique concentrant la chaleur sur l'œuf; la deuxième B contient le bain de sable et l'œuf; la troisième C sert à renfermer le système de chauffage; en D, E, se place une voûte métallique égalisant la chaleur dans B; en F perçant la voûte, un thermomètre plonge dans le bain de sable de l'œuf; enfin, on peut disposer un carreau muni d'un verre rouge permettant de surveiller les transformations de la matière. Il va sans dire que ce carreau pourra être retiré à volonté lorsqu'on voudra juger de la couleur.

Je peux recommander surtout le ballon à digestions et la disposition des cornues lutées pour distillation lente.

Les renseignements qui précèdent sont très élémentaires, bien que suffisants; c'est surtout en travaillant que l'on apprendra les différentes manipulations citées; il n'y a pas de matières dangereuses à manier, sauf peut-être le mercure. Je dois supposer que tous les étudiants connaissent le danger de respirer ses vapeurs, mais en le chauffant dans une cornue fermée et à toute petite chaleur, il n'y a rien à craindre. Dans le cas seulement où on serait tenté d'aller plus loin, il faudrait avoir une connaissance assez complète des corps dont la combinaison pourrait former un explosif, mais cela tombe sous le sens et je n'ai pas besoin d'insister. Je le répète, pour les expériences par l'alcool et les quintessences minérales, végétales ou animales il ne faut que de la patience et des soins. Le plus difficile est de suivre le chemin spirituel des vrais philosophes qui ont été des initiés. Je puis l'affirmer, c'est la seule voie, et une simple recherche basée sur ces principes peut donner de meilleurs résultats que de longues années de travaux purement matériels. Que puis-je encore ajouter? Les expériences que j'indique plus loin sont certes élémentaires, mais on ne doit pas espérer pour cela les réussir dès la première fois. Une cornue brisée, le feu éteint, un mouvement maladroit ou même une *cause invisible* peuvent tout compromette au moment de réussir ; le moindre découragement, la moindre impatience sont à éviter ; on ne réussit que lorsque l'on est capable de rester calme et de recommencer en, souriant.

Pour la chimie vulgaire, les corps maniés sont inertes, les procédés rapides sont bien plus en usage que les lents, les distillations que les circulations. L'étudiant devra au contraire savoir que *tout* est vivant, et ne pas craindre de répéter 10 fois une distillation ; que pour les hermétistes, le vrai sens de distillation est *circulation*, travail du corps sur lui-même à l'aide du feu naturel qui y est contenu. On emploie donc plutôt le ballon à long col que les deux cornues qui peuvent cependant être utiles dans certains cas (indispensable même).

« Le volatil, dit Pernéty, emporte et fait monter avec lui le fixe ; ce dernier à son tour fait descendre le volatil et cette circulation se fait en vase clos hermétiquement. Cela se fait dans le même vaisseau sans feu artificiel, sans qu'on remue aucunement. »

J'appelle particulièrement l'attention sur cette citation, elle est *très importante*. Une de ses conséquences pratiques c'est que l'exposition au soleil dans le ballon n° VIII d'alcool déjà distillé plusieurs fois où de l'eau distillée des plantes, de minéraux ou d'animaux préalablement putréfiée, donnerait de très bons résultats.

Abandonner les corps à eux-mêmes, les laisser digérer, travailler, grâce à leur seul *feu naturel*, ce sera aussi une autre clé de la réussite. Il faut se méfier des acétates, bien qu'il n'y ait pas de danger réel, mais il se produit souvent des dégagements assez forts d'acétate et d'acide acétique, si on chauffe sans précautions.

Rappelons aussi que les ballons doivent avoir un col très long, comme dans la figure 3 ou la figure 10.

Nous terminerons ces quelques recommandations en reproduisant un procédé extra simple de distillation sans appareil que l'on pourra essayer avec fruit.

Il suffit de tailler un morceau de drap blanc propre, en triangle. On trempe la base dans un bol couvert, d'une plaque de verre et contenant de l'alcool ; on laisse tomber la pointe dans un autre bol placé un peu plus bas et c'est tout : la distillation se fait par capillarité, Abordons maintenant la préparation de l'alcool.

CHAPITRE IV

PRÉPARATION DE L'ALCOOL

Le livre de Jean de Roquetaillade (dit Rupe Scissa) est basé sur les mêmes principes que ceux indiqués par moi au début de ce travail ; il est profondément *Christique*, c'est ce qui m'a attiré vers lui. Il dédie son œuvre aux pauvres *hommes évangélisants*, c'est-à-dire à tous ceux qui ayant senti l'appel du Christ au plus profond de leur être se sont donnés à celui qui les a choisis, et n'ont d'autre but ici-bas que d'essayer de faire la volonté de leur maître en toutes choses et, appuyés sur l'évangile, de réaliser le plus possible ses enseignements. Rarement riches des biens matériels, mais possédant un trésor plus précieux : la paix du cœur, les pauvres hommes évangélisants vont dans la vie tâchant de faire le bien, et c'est à eux que s'adresse Rupe Scissa.

Avec les modestes appareils à gaz ordinaires, avec quelques cornues, quelques tubes de verre, travaillant, sentant auprès d'eux leur guide, leur pensée fixée sur les êtres souffrants, ils pourront obtenir des élixirs, des eaux qui feront des miracles.

Bien qu'il ail dit beaucoup, qu'il ait parlé très clairement pour un adepte, Rupe Scissa n'a pas entièrement renoncé au langage des hermétistes ; il est certain que nous ne pouvons espérer trouver dans son livre les moyens d'obtenir la quintessence réelle qui n'est autre que le mercure des Philosophes, la pierre sous forme d'élixir. Je sais très bien que le vin dont il parle n'est pas le vin ordinaire, mais le vin philosophique, c'est-à-dire le dissolvant universel des sages. Cet esprit du vin est donc absolument *minéral*, non *végétal*.

Rupe Scissa écrit : « Ne pense pas, je t'en prie, que je t'ai dit une menterie, parce que j'ai nommé la quintessence : *eau ardente*, et que j'ai dit que les médecins ne sont pas parvenus à sa connaissance, bien qu'elle soit facile à trouver, car le magister de la quintessence est caché et il n'y eut jamais qu'un très renommé théologien qui y entendit quelque chose, et, si, j'affirme pour vrai que la quintessence est *l'eau ardente* et n'est pas *l'eau ardente*. Or, le Dieu du ciel veuille mettre prudence au cœur des a hommes évangélisants pour lesquels je fais ce livre, afin qu'ils ne montrent pas à homme réprouvé le secret du très grand Dieu. Maintenant, je t'ai déclaré la Vérité. »

CHAPITRE IV 109

« Cela revient à dire : Je ne mens pas en te disant que la quintessence est l'eau ardente, mais écoute-moi bien. Je te préviens aussi qu'elle ne l'est pas : l'eau ardente est en effet l'expression connue — pour *mercure des sages* — *pierre philosophale* ; — mais, s'il est sûr qu'en opérant sur l'alcool nous n'extrairons pas la vraie quintessence. Beaucoup d'alchimistes sont d'accord pour dire que la quintessence d'alcool de vin ordinaire préparé avec soin est un merveilleux élixir. L'Esprit de vin bien rectifié est, d'une nature si légère, écrit Rulland (*Dictionnaire Pernety hermétique*) et si facile à se sublimer qu'il semble participer de la nature du *mercure lui-même*. On peut tirer, dit un autre, une très bonne quintessence de l'esprit de vin vulgaire surtout s'il provient du vin passé, gâté. Avec un mélange de bon vin fermenté (Pernety) et de verjus, on fait un vinaigre, dissolvant de beaucoup de corps, etc. »

Nous pouvons donc suivre les renseignements de Rupe Scissa en sachant borner notre ambition. Notre auteur commence ainsi son livre (je cite ses paroles parce qu'elles font voir dans quel esprit il a été écrit et dans quel esprit aussi j'essaye de le faire connaître) :

« J'ai pensé, dit-il, relever les utilités que j'ai vues en la philosophie, qui m'ont été montrées par l'esprit de Dieu, auquel temps, combien que je fusse mauvais. Dieu vint vers moi avec pitié, afin que je révélasse aux hommes évangélisants les moyens que ceux qui ont méprisé les richesses par amour de l'évangile puissent sans enseignement d'homme et sans grandes dépenses, guérir les maladies corporelles. Et je prie Dieu qu'il le permette aux bons, aux parfaits ouvriers évangélisants qui en voudraient user. Autant qu'il est possible, je fais donc ce livre tant seulement pour l'utilité des bons et le remets en la garde et la protection de Jésus-Christ. »

Je me permets d'émettre aussi cette espérance que rien de mauvais ne pourra sortir de mon travail, car je connais la responsabilité de ceux qui écrivent.

Ceci dit, et rappelant encore les réserves faites au début de ce chapitre, voyons les préparations que nous devons faire subira l'alcool pour en tirer non la quintessence elle-même qui n'est autre chose que la pierre philosophale, l'élixir de vie, mais au moins la quintessence de l'esprit du vin ordinaire. Disons encore, d'après Rupe Scissa, que l'alcool de vin ordinaire répond bien aux qualités demandées à une quintessence, c'est-à-dire d'être incorruptible, de n'être ni chaude ni sèche avec le feu ; ni humide ni froide avec l'eau ; ni chaude ni humide avec l'air ; ni froide ni sèche avec la terre. En effet, l'esprit rectifié de vin ordinaire peut brûler, donc il n'est ni humide ni froid, car l'eau élémentaire ne brûle pas. Il n'est ni chaud ni humide comme l'air, car l'air se corrompt plus tôt que tout ; et lui demeure longtemps incorruptible ; il n'est ni sec ni froid comme la terre (matière solide), car il est aussi actif que possible ; et il n'est ni chaud ni sec comme le feu (l'éther), car il refroidit les maladies chaudes (l'alcool est, on le sait, merveilleux pour les inflammations, phlegmons, etc).

Enfin, la quintessence confère l'incorruptibilité, or l'alcool rectifié jouit de cette propriété à un grand degré.

Après bien des périphrases, notre maître Rupe Scissa révèle aux pauvres hommes évangélisants que la base de toute préparation est l'alcool. On le renforce en lui adjoignant, de la manière que je décris plus loin, la vertu de l'or et des autres principaux métaux. Il s'agit bien entendu de l'alcool de vin, le plus pur que l'on puisse trouver ; il est préférable de distiller soi-même plusieurs fois très lentement sur bain de sable, du vin pourri et du verjus.

On pourrait certes aller plus vite en faisant absorber par la chaux l'eau contenue encore dans l'alcool à 90° ; mais il faut se souvenir que bien qu'élémentaire, c'est encore de l'alchimie que nous tentons de faire, et nous ne devons jamais perdre de vue que notre, devise est patience et longueur de temps. »

Je crois donc préférable de distiller soi-même plusieurs fois l'alcool ; on a ainsi un produit bien plus dynamisé, bien plus vivant, un « Ciel », disaient les vieux maîtres.

On emploiera ensuite le procédé suivant : Placer l'alcool très pur obtenu par distillation successive dans un flacon à long col (voir fig. 8) et l'exposer pendant un mois au soleil ; le flacon doit être fermé avec un bouchon de verre fusible.

Il faut qu'en le débouchant une odeur extrêmement suave et pénétrante se dégage. Un autre signe encore de perfection, c'est un nuage bleuté qui surnage au-dessus du liquide. Si on habite la campagne, il faut faire une petite fosse dont on garnit les parois avec une pâte de cendres mouillées. On remplit cette petite fosse ainsi préparée avec du fumier de cheval bien pilé ; on place au milieu (sans qu'il touche le fumier) le flacon dont le col seul doit dépasser ; on comprend qu'il se refroidit à l'air et que l'émanation la plus subtile de l'alcool se condense, retombe, et se condense de nouveau. On peut remplacer le fumier par des grappes de raisins sortant du pressoir, la putréfaction engendre une chaleur suffisante (en ville on peut se servir du fourneau à huile qui brûle sans interruption pendant un mois et plus). Toujours avec le fumier, on peut placer une fiole lutée seulement à la cire, le col en bas pendant plusieurs jours. On la retire ensuite la tête en bas ; avec un poinçon très fin, on perce un trou dans le bouchon, puis on laisse écouler la partie du liquide la moins claire ; ou aura ainsi une quintessence.

Voici enfin un procédé plus détaillé que j'emprunte à l'*Hyperchimie* (octobre 1899).

Le vin rouge ou blanc est distillé de la façon ordinaire. L'esprit ainsi obtenu contient encore de l'eau, et un linge humecté avec ce liquide brûle au contact de la flamme, mais ne se consume pas. Par des rectifications successives, il devient si fort que le linge humecté avec le liquide obtenu en dernier lieu se consume entièrement après avoir été enflammé.

L'esprit se transforme alors en veines et quand celles-ci disparaissent, on change le récipient, on distille le phlegme, qui, dans la première distillation, contient encore un peu d'esprit et qu'on conserve pour un usage ultérieur.

L'esprit est digéré à la chaleur du fumier (36°) jusqu'à ce qu'il se dépose à la surface une huile d'un parfum exquis. Cette huile est la quintessence. Lulle l'a obtenue bleu ciel, d'autres l'ont obtenue jaune.

Après la transformation de l'esprit et du phlegme par la distillation, il reste un, résidu semblable à une masse noire de poix fondue. Ce résidu est décoloré au moyen du phlegme de la première distillation, jusqu'à ce qu'il perde' complètement sa couleur. Les parties colorées sont réunies et distillées et donnent un résidu d'huile. Ce résidu ainsi obtenu est calciné ; ce qui peut se faire de différentes façons. Dans une formule, Lulle prétend que la calcination ne peut avoir lieu avec une forte chaleur, mais qu'elle se produit simplement par le *Spiritus ardens*. Il dit, au contraire, à un autre endroit, qu'elle a lieu dans le réverbère.

D'après certaines formules, le résidu devient blanc par la calcination avec le phlegme ; mais parfois par un procédé semblable, il est encore à l'état de poudre noire et même, après l'avoir traité' par le *Spiritus ardens*, il est encore noir.

Le résidu ainsi préparé est digéré et distillé plusieurs fois avec le *Spiritus ardens* dans des conditions différentes, jusqu'à ce qu'il soit saturé et qu'il devienne blanc et que l'esprit disparaisse.

La caractéristique de ce résultat est que, si on en place, un peu sur une plaque rougie au feu, il ne se produit pas de fumée. Il est ensuite de nouveau distillé avec le *Spiritus ardens* jusqu'à ce qu'il devienne tellement volatil qu'au contact d'une plaque rougie il s'évapore entièrement ou en très grande partie.

Quand il est ainsi préparé on le sublime. Le résultat de la sublimation est clair et brillant comme un diamant. Il sert à aciduler le *Spiritus Vini philosophici*, et pour cela il est distillé à plusieurs reprises avec le *Spiritus ardens*, et le sel, volatil qu'il contient s'évapore. Le produit de la distillation est digéré pendant 60 jours ; il se transforme alors pour donner la quintessence parfumée, qui est tellement claire et brillante qu'on peut à peine la distinguer. Comme caractéristique il se forme au fond un dépôt analogue à l'urine d'un jeune homme sain[26].

Mais il faut maintenant, comme dit Rupe Scissa, « orner notre ciel », c'est-à-dire que nous lui ajoutions encore de la force, et c'est à, l'or que nous nous adresserons pour cela. Si l'on peut se procurer du minerai d'or, cela n'en vaudra que mieux ; sinon, on prendra une petite lamelle ou, tout simplement, une pièce d'or, et voici comment on doit procéder ; on portera au rouge sur une palette de fer cette lamelle ou cette pièce, et on la projettera, pour l'éteindre, dans un vaisseau de terre vernissée qui contiendra du bon alcool ordinaire. Il faut faire cette opération cinquante fois et plus. Si l'on s'aperçoit que l'alcool diminue, on le mettra de côté, et on continuera, dans un autre vase avec d'autre alcool. On mêle ensuite le contenu des deux vaisseaux. « Sachez, mon ami, dit « Rupe Scissa, que Dieu a créé tant de vertu en l'eau ardente, qu'elle peut tirer à soi toutes les vertus de l'or, la chaleur, l'égalité, l'incorruptibilité, la durée, la solidité. » Il ne faudrait pas éteindre les lamelles d'or dans la quintessence même, car on la perdrait ; il faut mélanger l'alcool ainsi « doré » avec

---

26   Cette recette très difficile est donnée seulement comme documentation.

moitié de quintessence et le mettre de côté pour s'en servir. Toute notre provision doit être ainsi préparée.

Les vertus de l'or ne sont pas les seules que nous pouvons communiquer à la quintessence; il nous est facile de répéter la môme opération pour les autres principaux métaux, en nous bornant à ceux que les Anciens faisaient correspondre avec les principales forces astrales, connues sous le nom de planètes : le Soleil, la Lune, Saturne, Jupiter, Mars, Vénus.

L'or est le métal solaire et synthétique qui donne à notre quintessence les pouvoirs d'un reconstituant général du corps humain, d'une sorte de *guérit tout*. Chacun des autres métaux éteint également dans l'alcool que l'on mélangera ensuite à la quintessence et lui communiquera sa vertu particulière.

Le plomb, métal de *Saturne*, sera bon pour guérir toute maladie des os, de l'estomac, des nerfs, de la vessie, des yeux, des oreilles. L'étain, métal de *Jupiter*, qui domine les poumons, le foie, les artères, fournira un bon remède pour les maladies de ces parties du corps (pleurésie, jaunisse, goutte).

De même pour le fer, métal de *Mars*, correspondant aux reins, au fiel, an sang (aux bras).

Pour le cuivre, métal de *Vénus*, qui influe sur les intestins, les parties génitales, les narines.

Enfin, l'argent, métal de la *Lune,* influe sur les expectorations, les sueurs, l'estomac, le cerveau. — Il est bien entendu que j'indique seulement ici des expériences à tenter, mais que l'on ne devra jamais le faire sans l'avis d'un médecin expérimenté.

Telles sont les différentes manipulations à faire subir à l'alcool ; nous allons maintenant choisir dans l'œuvre de notre maître les préparations les plus puissantes et les moins difficiles à tenter dans un laboratoire aussi restreint que le nôtre. Pour plus de clarté, nous les diviserons en trois parties : quintessences animales, végétales et minérales. Nous terminerons par quelques remèdes curieux et rares et une listé des plantes, par complexion (chaudes, froides, sèches, humides).

CHAPITRE V

QUINTESSENCES ANIMALES

Nous avons vu que la putréfaction est indispensable pour extraire d'un animal, comme du reste du règne végétal, autre chose qu'une eau faible.

Par la putréfaction toutes les forces se développent, et l'on peut en tirer l'esprit ou quintessence. Ces quintessences animales offrent un certain intérêt d'actualité, car on revient de nos jours à l'opothérapie, et beaucoup de drogues ultramodernes, telles que l'adrénaline la néphrine, la, thyroïdine, etc., ne sont autre chose que des quintessences tirées du règne animal, mais obtenues par des procédés moins parfaits que ceux des animaux.

On prépare la néphrine, de nos jours, de la façon suivante : La substance corticale d'un rein de bœuf qu'on vient de sacrifier est triturée dans un mortier avec 300 grammes de glycérine neutre et 200 grammes d'eau salée stérilisée, on fait macérer pendant cinq heures dans un vase entouré de glace. On filtre ensuite toute la masse sur un filtre de papier Chardin ; le liquide ainsi obtenu est de nouveau filtré sur une bougie Chamberland (Dieulafoy). La thyroïdine, l'adrénaline sont traitées à peu près de la même manière extra rapide.

Nous allons voir, par contre, les procédés des Anciens — pour analyser tout ou partie d'un animal, par exemple le sang, l'urine, les os, la peau, les cornes.

Nous commencerons par les liquides pour terminer par les solides... « Il y a, dit l'auteur de *la Nature dévoilée*, certains inconvénients à travailler sur le sang frais, car il m'est arrivé qu'en voulant distiller les parties les plus fixes, la figure monstrueuse de l'animal sur lequel je travaillais m'est apparue. Quant au sang humain, il a produit un bruit comme s'il y eût eu un fantôme, ce qui est fort effrayant. »

Notre auteur fait ici allusion aux mystères de la Palingénésie. Notons seulement, en passant, cette recommandation.

Les meilleures parties animales dont on pourra tirer une quintessence sont l'urine, les cornes, les ongles, les os, les poils, les écailles.

Le foie, les reins, le cœur peuvent aussi donner de très bons produits à condition d'éviter par certains procédés d'être incommodé par l'odeur de la putréfaction. Nous examinerons successivement ces deux quintessences :

QUINTESSENCE DU SANG ET DES PARTIES LIQUIDES

1° Faire pourrir à 36° de chaleur dans un alambic bien fermé pendant quinze jours le sang et le suc d'animal.

2° Distiller au bain-marie et conserver le résultat.

3° Remettre ce que l'on a recueilli dans la cornue, à récipient, distiller au *bain de sable* très lentement.

4° Arrêter la distillation au moment on une substance huileuse va passer.

5° On aura dans la cornue une huile et une substance charbonneuse ; il faut les retirer et les bien broyer ensemble.

6° Mettre dans un ballon à col long, verser dessus le produit de la première distillation et faire digérer au bain-marie deux jours entiers.

7° Replacer dans une cornue à récipient et distiller lentement. Un peu d'un liquide volatil passera. Changeons ensuite de bain ; mettons sur bain de cendres ; imbibons avec la partie de volatil distillée, faisons encore digérer au bain-marie, distillons, desséchons aux cendres ; nous aurons la quintessence sous forme de poudre.

Opérons maintenant sur la chair, les os, les cornes, les poils, les ongles, les parties solides de l'animal, par exemple le rein ou le foie.

Réduisons-le en parcelles aussi menues que possible, mettons-les dans un alambic, versons du sang ou du suc pourri du même animal ou encore de l'urine humaine mélangée d'eau de pluie.

Avec les poils, les os, ou les cornes, la putréfaction est plus difficile à obtenir, mais cependant voici un moyen : râpez, limez des os, dés cornes, ou des ongles ; faites cuire avec l'urine de l'animal de l'eau de pluie pourrie ou de l'eau salée jusqu'à ce qu'ils soient réduits en gelée, ce qui se fait en deux ou trois jours. Ajoutez à cette gelée une suffisante quantité d'eau de pluie pourrie. Lorsque la putréfaction sera accomplie, on opérera comme précédemment. Il faut remarquer que la nature ne détruit pas complètement un corps animal ou végétal, il lui suffit de te réduire en une sorte de suc mucilagineux ; de même, l'alchimiste ne détruit pas les corps sur lesquels il opère, mais les ouvre seulement par la putréfaction, il fait examiner de près les procédés qu'emploie la nature pour détruire un corps et s'en servir pour refaire de la vie.

C'est ce que fait l'alchimiste en réduisant certaines parties des animaux en une substance essentielle, une gelée, et en les distillant ensuite avec l'esprit volatil du même animal ; ce volatil pourrait du reste être remplacé par l'eau de pluie ou par la rosée. Ceci est rendu clair par le procédé suivant :

Prenez une partie quelconque du corps d'un animal, réduisez-le en gelée en le faisant, cuire avec de l'eau de pluie putréfiée, laissez fermenter le tout, versez ce qui est clair, filtrez-le et distillez-le au bain-marie en vous arrêtant au moment où l'huile va passer ; mettez cela à part, placez à la cave ce qui reste dans la cornue pour le faire cristalliser ou épaissir en gelée, c'est le sel essentiel de l'animal.

Mettez ces cristaux sur feu de cendres, desséchez sans brûler, versez du volatil que vous avez mis à part sur le résidu ; digérez au bain-marie, distillez tout ce qui passera, remplacez le bain-marie par un bain-marie de cendres et distillez jusqu'à siccité complète, réduisez le tout en poudre ; sur cette poudre versez encore du volatil, refaites cette opération deux ou trois fois, vous aurez alors une Quintessence.

On voit que la nature se laisse unir ou séparer, pourvu qu'on suive l'ordre établi par elle. Entre le volatil et l'alcali, entre l'esprit et le corps, elle place elle-même un *vinaigre*, qui participe des deux et peut les unir, car il n'est ni fixe ni volatil : c'est la théorie du corps astral de la science occulte.

Si les lecteurs trouvaient ces procédés trop difficiles, voici une façon de s'y prendre moins compliquée ; elle est basée sur le ternaire : putréfaction — circulation — distillation.

Supposons qu'on veuille retirée, du rein d'un animal, un liquide quintessencié au lieu d'une poudre, comme ci-dessus. — On prendra ce rein ; on le coupera en petits, morceaux qu'on recouvrira d'eau de pluie salée déjà putréfiée (très peu d'eau, de manière à humecter seulement) ; on placera à la cave et on laissera pourrir quinze jours. On filtrera et on remplira, du liquide obtenu, un grand ballon à long col, luté au verre fusible. Ce ballon sera placé sur le fourneau à l'huile, au bain de sable, pendant vingt jours. On distillera ensuite dans une cornue au récipient quatre ou cinq fois, en remettant chaque fois le contenu dû récipient dans la cornue. On obtiendra ainsi un liquide très clair, de bonne odeur, qu'on mélange à l'alcool moitié par moitié. On pourra opérer ainsi pour toutes les quintessences animales.

Passons maintenant aux végétales.

CHAPITRE VI

QUINTESSENCES VÉGÉTALES

Nous plaçons l'essai sur les quintessences végétales après celui sur les quintessences animales, pour suivre l'ordre des Anciens, ordre parfaitement logique, puisque le végétal touche par en haut au règne animal, et par en bas au règne, minéral.

Comme dans les animaux, nous pourrons obtenir une quintessence : 1° des parties molles des plantes ; les feuilles, les tiges, les fruits, les sucs, gommes ou résines, les graines, etc., etc. ; 2° des parties plus dures, telles que tiges, racines, bois, etc...

Le procédé sera le même pour toutes les plantes, en faisant attention, toutefois, aux proportions, car, dans certains végétaux, on aura beaucoup de volatil, c'est-à-dire des liquides s'évaporant facilement et même des gaz ; dans d'autres, au contraire, beaucoup d'acides, etc.

Prenons donc d'un végétal quelconque ce qui est tendre et mûr (fruits, tiges) avec les sucs.

Pilons au mortier; écrasons soigneusement et versons de l'eau de pluie putréfiée et salée, de façon que le tout soit réduit à la consistance d'un bouillon clair. Mettons-le dans un récipient de bois, dans un endroit tiède; laissons macérer pendant trois semaines environ jusqu'à ce qu'il sorte du mélange une odeur aigre et pourrie; plaçons dans un alambic; puis, comme pour les minéraux, distillons à feu très doux sur bain de sable, en ne laissant passer que les parties les plus volatiles. Retirons les résidus, plaçons-les dans une cornue de verre lutée à une autres distillons; nous aurons d'abord une eau assez trouble, puis une substance acide, ensuite une huile assez épaisse, et enfin au fond une masse brûlée charbonneuse. Une fois qu'on a séparé, il faut opérer comme pour le règne animal, ainsi qu'il est décrit précédemment (on peut aussi employer le procédé plus facile du ballon à long col).

En ce qui concerne les manipulations à faire subir aux parties les plus dures, par exemple pour obtenir une quintessence avec les racines, on les concasse et les écrase au mieux dans un mortier; on verse de l'eau de pluie pourrie, du vin ou de l'eau salée, on fait macérer ou cuire jusqu'à ce que tout devienne mou; on fait ensuite putréfier, et on opère comme précédemment.

CHAPITRE VI

Toute quintessence doit être limpide et avoir une odeur suave. Distiller, jusqu'à ce que ce résultat soit obtenu.

On sait que les alchimistes connaissaient quatre états de la matière, qu'ils nommaient du nom des quatre éléments : l'eau, là terre, l'air, le feu. Par différentes opérations ils pouvaient extraire d'une quintessence quelconque les parties : feu, air, eau, terre[27].

Chacune de ces formes de la même matière étant plus ou moins en rapport avec les parties du corps humain correspondent au feu, à l'air, a l'eau et à la terre (les parties liquides, solides, gazeuses ou éthériques de notre organisme).

Voici cette manipulation compliquée. Je la cite plutôt comme documentation ; en tous cas, il ne faut l'essayer que lorsqu'on aura une longue expérience du laboratoire alchimique. Je la résume en neuf temps :

1° On prend une quintessence quelconque animale, végétale au minérale, par exemple celle du sang, on la met dans une cornue à récipient au bain-marie. Il sort une eau claire que l'on conserve en, une fiole de verre bien bouchée : c'est l'*eau* de la quintessence.

---

27   C'est-à-dire les parties très subtiles, d'abord, puis de, moins en moins volatiles, jusqu'aux résidus solides (une terre) que l'on trouvait an fond de la cornue.

2° Il reste, au fond de la cornue, trois éléments : l'air, le feu, la terre, on y remet l'*eau* obtenue primitivement.

3° On place le tout dans un ballon à long col (fig. 8 et 10), et on fait circuler sept jours.

4° On remet alors dans une cornue à récipient, mais, cette fois, sur feu de cendre ; *l'eau* montera très claire, en forme d'une huile jaune d'or contenant en soi *l'air* de la quintessence.

5° Séparer l'eau de l'huile (qui est *l'air*) par distillation au bain-marie, l'eau montera ; l'air restera au fond sous forme d'une huile dorée, on aura donc deux éléments : *l'air et l'eau*.

6° Restent le *feu* et la *terre* ; on prend *l'eau* obtenue déjà ; on la verse sur le feu et la terre dans la proportion de 4 à 1, dans un ballon à long col ; on fait circuler sept jours au bain-marie.

7° Le tout est remis dans une cornue à récipient sur un feu très fort (augmenter le feu progressivement et lentement). Une eau rouge montera qu'on mettra à part. Il restera donc la terre qu'on gardera également.

8° On prend l'eau rouge mise à part, et on la met à distiller au bain-marie ; il monte une eau claire ; il reste au fond une huile rouge ; c'est *le feu* de la quintessence.

9° On calcine la terre tous les jours un peu pendant sept jours. On aura donc ainsi :

Le feu sous forme d'une huile rouge.
L'air sous forme d'une huile dorée.
L'eau sous forme d'une eau cristalline.
La terre sous forme d'une substance noirâtre.

Cette préparation est, on le voit, très belle, mais très compliquée ; elle n'est pas indispensable pour obtenir une bonne, quintessence ; simples, non décomposées en deux éléments, par les procédés ordinaires, les quintessences minérales, végétales ou animales sont déjà très fortes et surtout si on a la patience de faire circuler longtemps et de distiller plusieurs fois.

Nous avons donc le moyen d'extraire la quintessence des plantes, d'augmenter et de varier les qualités de notre alcool comme nous le voudrons.

La quintessence d'alcool préparée alchimiquement et encore fortifiée par l'or, ainsi que nous l'avons vu au commencement est seulement un reconstituant énergique. Elle sera un remède contre la constipation, si nous lui adjoignons, par exemple, la quintessence de plantes laxatives ou contre l'affaiblissement de la tension artérielle, si nous y mettons une quintessence appropriée. Et ces remèdes auront, une action merveilleuse, miraculeuse parfois parce qu'ils jouiront d'un dynamisme, d'une *radioactivité* bien supérieure à celle des remèdes de la pharmacopée moderne.

Voici une succession de quintessences végétales qui m'ont paru le plus utiles ; la préparation en, sera toujours la même.

Une fois obtenue, on mélangera la quintessence à l'alcool dans la proportion des deux-tiers pour un tiers : cela constituera un élixir que l'on devra donner par gouttes (toujours après avis médical bien entendu).

Voici, d'abord, une autre façon de retirer la quintessence du sang ; Rupe Scissa la donne avec les préparations végétales ; elle doit agir à la façon d'un sérum moderne, ou d'une manière analogue. On doit obtenir une liqueur, une eau limpide comme le cristal et d'une odeur suave. On prend une certaine quantité de sang frais l'animal ; on le laisse reposer et évaporer ; on fait sécher et on réduit en poudre très fine que l'on mélange avec la dixième partie de son poids de sel commun purifié. On pile avec soin et on place d'ans une fiole de verre bouchée à l'émeri et lutée pour plus de précautions avec du blanc d'œuf et de la farine ou mieux avec un bouchon en verre fusible. On met au bain-marie à tout petit feu (gaz au bleu ou lampe à huile). Le contenu du flacon doit se liquéfier en quelques heures ; on distille ensuite au bain de sable dans la cornue de verre ; puis on remet le produit de sa distillation dans la cornue et on distille à nouveau aussi souvent qu'il sera nécessaire pour que le produit soit de la limpidité et de l'odeur que j'ai dites.

RECONSTITUANT MERVEILLEUX

On réduit en poudre très fine des écailles d'huîtres préalablement passées au four ; du romarin, de la racine de lis. On met cette poudre dans quintessence d'alcool (20 grammes pour 1 litre à prendre par gouttes de 10 à 15 par matin).

QUINTESSENCE ATTRACTIVE POUR ATTIRER LES CORPS ÉTRANGERS HORS D'UNE PLAIE

Réduisons en poudre très fine un peu de pierre d'aimant naturel, d'assa-fœtida, de marjolaine, de soufre, de pétrole, de cyclamen. Retirons-en la quintessence ; mélangeons à notre alcool, nous aurons un élixir qui agira merveilleusement et fera sortir des plaies les corps étrangers y contenus, par suppuration.

Pour attirer ou dissoudre les humeurs : tempéraments bilieux : rhubarbe, violette, graines de laitues, tamarin.

Tempéraments lymphatiques : safran, coloquinte, staphisaigre, pyrèthre, euphorbe, sel de roche.

Tempéraments nerveux : séné, mirobolants, noix muscade, graine de lin.

Tempéraments sanguins : mauve, violette, suc de mercurialle.

Toutes ces plantes sont propres à chasser de notre corps les humeurs nuisibles. Il faudra donc en tirer la quintessence et la mélanger à notre alcool.

Pour arrêter le sang, retirer la quintessence des plantes suivantes : myrthe, acacia, plantin, gomme, quintefeuille en quantités égales, ajouter un peu de poudre de corail et d'ambre, de la gomme arabique, de l'alun.

La quintessence végétale pour « restreindre le ventre », dit notre auteur, se prépare de la façon suivante, elle doit constituer un bon remède contre la diarrhée : tirer la quintessence ordinaire des végétaux ci-dessous, coing, grenade, amande, graine de pavot noir, menthe, feuilles de rose, frêne, plantin, gomme arabique ; mélanger ensuite avec la quintessence d'alcool.

Pour faire mûrir un abcès rapidement, pour purifier, nettoyer, on emploiera la quintessence des plantes suivantes toutes ensemble : pivoine, hysope, graine de laurier, musc, menthe sauvage, trèfle, fenouil, mouron, persil, graines d'orties, etc.

La guérison d'une plaie sera très activée eu prenant de la quintessence suivante : encens, aristoloche, glaïeul, graine de tamarin, miel, aloès.

On peut préparer une eau pour nettoyer la peau avec oignon, camomille, racines de concombre sauvage, guimauve, romarin, pris à l'intérieur, par gouttes ; à l'extérieur, mélangée d'un tiers d'eau bouillie.

Voici un très bon collyre pour les yeux : tirer la quintessence de fenouil, d'ache, de sauge, de chardon ; ajouter deux cuillerées de miel et très peu de poivre pilé ; mettez la quintessence neuf jours au soleil avant de vous en servir : deux gouttes dans l'œil malade, une le matin, l'autre le soir, suivant avis médical.

Contre une très désagréable maladie, l'ozène ou puanteur du nez, ulcère de la membrane pituitaire notre auteur donne un remède très fort : tirer la quintessence de bois d'aloès rosé, clous de girofle, d'aspic, de myrrhe ; laver l'intérieur du nez avec de bon vin rouge aromatique ; cautériser les ulcérations avec cette quintessence, soit pure, soit étendue d'eau.

Je terminerai ici ces quelques quintessences végétales que l'on pourra, du reste, augmenter à volonté, puisque le procédé reste toujours le même. Au lieu d'employer les plantes en simples décodions ou infusions, on en retirera une bien plus grande quantité de principes curatifs en les préparant, ainsi que l'indique Rupe Scissa[28].

---

28 On trouvera au chapitre *Remèdes*, d'autres quintessences végétales qui auraient pu trouver place ici ; j'ai préféré suivre l'ordre adopté par Rupe Scissa.

CHAPITRE VII

QUINTESSENCES MINÉRALES

On l'a vu ; la première opération que l'on doit faire subir à la matière, si l'on veut en extraire la quintessence, c'est non de la détruire, mais de l'ouvrir par la putréfaction et les dissolvante. Aussi les Anciens, surtout ceux qui étudiaient profondément la nature, établissaient d'abord les lois qu'elle suit pour la transformation de la matière animale, végétale et minérale.

La nature, dit notre auteur, a entre les mains pour détruire les minéraux un feu qu'elle tire du soleil ; ce feu échauffe tes rochers, les pierres ; puis le froid, l'eau, surviennent et, peu à peu, humectent et dilatent les pierres échauffées, elles éclatent. Les attaques, réitérées réduisent ainsi la pierre en petites parcelles qui se brisent de plus en plus et finissent par être réduites en fine poussière, qui commence à pourrir, avance vers sa destruction, devient saline, est déjà d'une autre nature qui la rapproche du végétal et finit par se confondre avec lui.

L'art peut aller plus vite que la nature ; si nous faisons chauffer au rouge une pierre et que nous l'éteignions dans l'eau salée, elle se brisera en morceaux ; en réitérant l'opération aussi souvent qu'il sera nécessaire, nous réduisons cette pierre en poudre impalpable et en eau qui peut passer à l'état de vapeur, et de nouveau en eau par distillation. C'est ainsi que la nature ramène les minéraux a, leur première, nature plus ou moins rapidement d'après leur espèce. C'est aussi la première des opérations pour obtenir la quintessence. Voici quelques préparations qui conduisent à une quintessence très bonne des minéraux, bien qu'elle ne soit pas la quintessence complète. Celle-ci ne pouvant être obtenue qu'en soumettant d'abord le métal au dissolvant universel : le mystérieux alkaest, dont la recherche sortirait des limites que je me suis assignées et rentre du reste dans le travail pour arriver à la pierre philosophale.

D'une façon générale, les quintessences minérales consistent à retirer des métaux et surtout de l'or, de l'argent et de l'antimoine une médecine universelle, comme disent les alchimistes. Nous dirions, nous, un reconstituant énergique, capable d'élever la tension artérielle, capable, ajouterions-nous pour les occultistes avancés, de répandre dans tous les royaumes de notre être une lumière, une vie qui centuplerait les pouvoirs qu'ont toutes nos cellules de se défendre elles-mêmes ; d'aller chercher dans les immenses et inépuisables réservoirs de la nature les forces nécessaires pour reconquérir l'état d'équilibre qu'on nomme santé.

Voici, pour commencer, la fabrication d'une des meilleures quintessences minérales, l'or potable. À noter ici, encore plus que pour les végétaux, la nécessité absolue ; lorsque notre petite pharmacie alchimique sera au complet, de ne rien donner à un malade sans conseil du médecin, et de médecin initié si possible. — Il y a, en effet, certains organismes qui ne peuvent supporter les médicaments à base de métaux.

QUINTESSENCE DE L'OR POTABLE

On met, dans une cornue fermée, des feuilles d'or, telles qu'en emploient les doreurs, avec du mercure. Le feu devra être assez doux (bain de sable, gaz au bleu ou chaleur de lampe à huile), pour qu'on puisse prendre en main la cornue et la remuer souvent. Dès que l'amalgame est fait, mettre dans une cornue lutée à un récipient, pousser le feu avec prudence pour faire évaporer tout le mercure ; on trouvera au fond de la cornue l'or calciné et d'apparence sale ; on le retirera et on le mettra dans un bocal à large ouverture avec quatre doigts de vinaigre distillé. Boucher ensuite et placer au soleil si possible. Une substance huileuse surnagera qui doit être recueillie dans un vaisseau à moitié plein d'eau ordinaire. Lorsqu'on ne retirera plus d'huile, on fera évaporer l'eau sur feu doux. Au fond du récipient, demeurera la quintessence d'or que l'on mélangera à la quintessence d'alcool. Cet or potable est un reconstituant merveilleux, il apaise l'inflammation et guérit rapidement plaies, ulcères. On peut encore mettre quelques feuilles d'or très fin avec de l'huile de lin dans un vase de verre ; laisser digérer un mois, retirer l'huile ; on trouvera au fond une poudre qu'on peut mélanger avec du miel.

La quintessence de l'argent peut se faire comme celle de l'or, mais voici un procédé qui varie un peu : Mettre dans une fiole moitié de bon vinaigre distillé, une petite quantité de bon tartre calciné et de sel ammoniaque, ajouter la chaux de l'argent préparée comme ci-dessus, boucher hermétiquement au bouchon de verre fusible, mettre ensuite à tout petit feu sur le fourneau à huile dans le ballon (fig. 8 à 10), pendant huit ou dix jours ; il ne faut pas que le feu s'éteigne ; après quoi distillez comme d'habitude au bain de sable. On verra d'abord monter le vinaigre, puis ensuite la quintessence d'argent. Employer ce remède dans les maladies lunaires : diarrhée, emphysème, gastralgie, maux d'yeux[29].

Pour attirer la quintessence du fer et obtenir un bon remède dans les maladies martiennes (reins, foie, maladies du sang), on mélange dans du bon vinaigre distillé delà limaille de fer et du sel commun. On expose au soleil en matras fermé, ou sur le fourneau à huile pendant, plusieurs jours ; il s'élève à la surface du liquide une substance que l'on recueille, et qui est la quintessence cherchée. On mélange ensuite avec l'alcool.

Pour le cuivre (maladies vénériennes, intestins), même procédé, en remplaçant la limaille de fer par la limaille de cuivre.

Mais de toutes les quintessences métalliques après l'or potable, la plus utile sera certainement la suivante ; elle a été très fréquemment employée et ; à notre connaissance a réellement fait de véritables miracles dans les maladies longues, dans les convalescences, l'anémie, le rachitisme ; elle agit puissamment sur les voies digestives, ranimant l'appétit, purifiant le sang et donnant des forces très rapidement. Prise en bonne santé, elle permet de faire sans fatigue de longues courses et des travaux musculaires pénibles ; enfin, elle

---

29 Correspondances d'Oger Ferrier.

agit même sur le moral dans la neurasthénie. J'ai eu souvent l'a déclaration des personnes très tristes, très accablées par des chagrins graves, qui, toutes, ont observé des résultats très nets à ce sujet. Voici la manière de faire cet élixir :

Prenez de l'antimoine métallique en poudre et travaillez-le, pulvérisez-le de façon à obtenir une poudre extra-fine qu'on sente à peine dans les doigts. Mettez cette poudre dans de très bon vinaigre distillé ; lorsque le vinaigre sera coloré en rouge, versez-le et mettez-le à part, remettez d'autre vinaigré sur l'antimoine, et ainsi de suite jusqu'à ce qu'il ne rougisse plus. Lorsque l'on met du vinaigre pour la seconde fois, il faut chauffer doucement, on prend ensuite tout le vinaigre coloré, et on le met à distiller sur bain de sable : le vinaigre montera d'abord ; puis, dit Rupe Scissa :

« Tu verras descendre goutte à goutte par le bec de l'alambic une benoîte minière rouge comme serait le sang. Tu as là une chose à laquelle tous les trésors du monde ne pourraient être comparés, elle ôte la douleur de toute plaie. »

Sans doute, telle qu'elle est, cette quintessence est merveilleuse ; on peut cependant la rendre plus merveilleuse encore en la laissant quarante jours dans du fumier de cheval au soleil (ou sur le fourneau à huile dans le ballon (fig.8).

Je dois dire que l'on ne devra pas se décourager, si l'on n'obtient pas de couleur rouge du premier coup ; du reste, la quintessence d'un beau jaune d'or est déjà très forte. Pour enlever l'odeur acide, on mélange à l'alcool, et on distille à nouveau. On reconnaîtra que le résultat décisif est obtenu lorsque la liqueur n'aura plus qu'une odeur suave sans rien qui rappelle le vinaigre. Notons qu'il faudra augmenter le feu dès que les gouttes rouges de teinture commenceront de passer.

AUTRE RECETTE D'ANTIMOINE

Mettre dans un ballon à long col (fig. 10) pour 1 litre de vinaigre distillé (acide cristallisable), 250 grammes de carbonate de potasse ; ajouter l'antimoine en poudre fine (2 poignées) ; chauffer tout doucement sur bain de sable pendant quatre ou cinq jours sans interruption, remuer fréquemment, laisser refroidir et filtrer (on doit pouvoir toucher le ballon avec les mains, autrement la chaleur serait trop forte).

À noter que le métal aura perdu son éclat et sera devenu gris sombre. Voici maintenant, pour qu'on puisse comparer, des recettes dues à Lémeri, chimiste, qui a publié son œuvre vers 1700. Ces recettes peuvent donner aussi des résultats intéressants. On comparera la brutalité du procédé purement chimique avec la douceur et la lenteur des opérations alchimiques.

TEINTURE D'ANTIMOINE

« Cette opération est une dissolution des parties les plus raréfiées du soufre, de l'antimoine faite dans l'esprit de vin.

« Mettez fondre à grand feu dans un creuset « huit onces (370 grammes) de sel de tartre. Jetez-y à diverses reprises, par cuillerées, six onces 200 grammes d'antimoine en poudre ; il se fondra et il s'unira au sel de tartre. Couvrez le creuset et laissez le mélange en fusion pendant une demi-heure ; versez-le dans un mortier afin qu'il refroidisse ; réduisez la masse en poudre et mettez dans un matras, versez-y de l'esprit de vin alcoolisé à la hauteur de quatre doigts, appliquez un autre matras renversé sur celui-ci pour faire un vaisseau de rencontre ; lutez exactement les Jointures et mettez votre matière en digestion a une lente chaleur pendant deux ou trois jours ou jusqu'à ce que votre esprit de vin soit devenu rouge. Séparez alors les matras, filtrez votre teinture et la gardez dans une bouteille bien bouchée.

« *Vertus*. — Elle est sudorifique et anti-nerveuse, elle excite des nausées ou bien elle purge un peu par le ventre quand on en donne par grandes doses ; on s'en peut servir pour exciter les mois aux femmes, pour guérir les obstructions pour la mélancolie hypocondriaque, pour la galle, pour la petite vérole, pour les fièvres malignes, pour le scorbut.

« *Doses*. — La dose est depuis 4 gouttes. Jusqu'à 30, dans quelque liqueur appropriée.

VERRE D'ANTIMOINE

« Cette préparation est un régule d'antimoine vitrifié par une longue fusion.

« Faites calciner sur un petit feu une livre d'antimoine en poudre dans une terrine qui se soit point vernie, remuez incessamment la matière avec une spatule de fer jusqu'à ce qu'il ne sorte plus de fumée ; mais, si cependant la poudre se grumelait comme il arrive souvent, mettez-la dans un mortier et la pulvérisez ; faites-la derechef calciner comme nous avons dit, et, lorsqu'elle ne fumera plus et qu'elle aura pris une couleur grise, mettez-la dans un bon creuset que vous couvrirez d'un tuileau et le placerez dans un fourneau à vent dans lequel vous ferez un feu de charbon très ardent qui entoure le creuset afin que la matière se mette en fusion ; environ une heure après découvrez, le creuset et, ayant introduit dedans le bout d'une verge de fer, regardez quand vous l'aurez retirée, si la matière qui y est attachée est bien diaphane et, si elle l'est, jetez-la sur un marbre bien chauffé ; elle se congèlera, et vous aurez un beau verre d'antimoine que vous laisserez refroidir, puis vous la garderez. C'est un puissant vomitif et un des plus violents de ceux qui se font par l'antimoine. On en fait le vin émétique en le faisant tremper dans le vin blanc. On le donne aussi en substance depuis deux grains jusqu'à six (50 centigrammes à 1 gramme). »

Enfin, voici un autre procédé hermétique que j'emprunte à la revue l'Hyperchimie.

L'ACÉTONE D'ANTIMOINE

« On met de l'antimoine finement pulvérisé dans de l'acide nitrique. Dès que la dissolution se produit, on précipite et on lave le résidu. Celui-ci est digéré avec du vinaigre distillé dans un bain-marie pendant quarante jours ; il prend alors une couleur rouge sang. On décante la partie claire, et on verse de nouveau du vinaigre. On fait digérer encore pendant quarante jours. On répète celte opération quatre fois, on jette le résidu.

On mélange les solutions dans une cornue; on en distille le vinaigre que l'on reverse ensuite sur le mélange; ou, si le vinaigre obtenu est trop faible, on en verse du pur, et on distille de nouveau, après avoir obtenu la solution. Le résidu est lavé avec de l'eau douce jusqu'à ce que tout acide ait disparu. La matière, qui est d'un rouge très prononcé est séchée au soleil ou bien à la chaleur d'un petit feu.

« On verse sur cette poudre rouge un *spiritus vini* bien rectifié, et on laisse séjourner dans un bain-marie pendant quatre jours, de manière que la dissolution se fasse complètement. On place la solution dans une cornue de verre à chapeau; on change de récipient et on distille à petit feu le *spiritus* qu'on verse de nouveau; on distille encore, et ou répète l'opération jusqu'à ce que le *spiritus* s'élève dans le chapiteau en prenant différentes couleurs. Il est alors temps d'augmenter la chaleur; le *spiritus* s'élève alors dans le chapiteau sous la couleur rouge et tombe en gouttelettes dans le récipient, semblable à une huile rouge sang.

« Tel est le moyen le plus secret des sages pour distiller l'huile fameuse de l'antimoine, et l'on a ainsi une huile noble, puissante, d'un parfum exquis.

« Le produit de la distillation, le mélange d'huile et d'esprit de vin est placé dans une cornue à chapiteau et débarrassé dans un bain-marie de tout esprit, ce qui se reconnaît lorsque quelques gouttes d'huile se forment.

« L'esprit se conserve bien, car il a encore une grande puissance lui provenant de l'huile qu'il renferme. Dans la, cornue, se trouve l'huile rouge qui éclaire la nuit comme un charbon rouge : elle sert à l'amélioration des métaux pour l'alchimie.

« L'esprit de vin de la *teintura d'antimonii* est un remède très efficace. Pour la goutte, trois gouttes prises dans du vin et à jeun calment les douleurs. Le jour suivant, apparaît une sueur visqueuse lourde, puante particulièrement aux articulations, et, le troisième jour, même sans le secours de médicaments, se produit une évacuation utile.

« Il est aussi efficace dans d'autres maladie difficiles. »

QUINTESSENCE DE MERCURE

Sublimer au bain de sable dans un matras fermé, au col long, mercure, sulfate de cuivre et sel commun. La quintessence du mercure monte, entraînant avec elle celte du sulfate de cuivre. C'est le soufre philosophique.

Le mercure sublimé, a encore quelques parties combustibles ; si on les met dans une eau corrosive faite d'acide sulfurique et de salpêtre, il se convertira en amalgame et eau. Mettons donc notre mercure sublimé dans ce, mélange, et laissons-le jusqu'à ce qu'il soit converti en eau pure. Distillons ensuite toujours à feu doux et dans la cornue n° 9. Il montera d'abord l'eau corrosive, puis la quintessence de mercure très blanche ; au fond du vaisseau, il restera un corps brûlé et laid ; refaisons cette opération jusqu'à ce qu'il ne demeure plus aucun résidu (c'est-à-dire remettons le produit de la d'instillation sur le résidu et redistillons).

Cette quintessence est bonne pour les plaies, les brûlures, les pustules, etc.

Dans certaines maladies le soufre agit à condition d'être employé à dose homéopathique. Voici la façon de tirer la quintessence du soufre :

On prend de la fleur de soufre très fine. Dans un ballon fermé, on met deux poignées de cette fleur de soufre, on verse dessus du vinaigre distillé. On chauffe doucement au bain de sable jusqu'à ce que le vinaigre soit coloré. On enlève doucement le vinaigre, et on le remplace par d'autre, quand le soufre ne colore plus.

Réunir ensuite tous les vinaigres et faire évaporer sur feu doux : la quintessence du soufre demeurera au fond du vaisseau (avoir soin d'enlever avec une plume les impuretés qui viendront à la surface).

Prenons la cornue que j'ai décrite ; page 79, recouverte de son abat-jour métallique. Mettons notre, quintessence de mercure ou toute autre dans une fiole de verre avec un bouchon en verre fusible ; fermons à la lampe à alcool ; Suspendons-la de façon à ce qu'elle descende dans l'intérieur du ballon, sans toucher les parois.

Chauffons au bain de sable à une température telle que nous puissions tenir la main sur le ballon. Laissons huit jours en digestion.

Brisons la fiole et retirons-en le résidu qui s'y trouve ; réduisons sur le marbre, en poudre impalpable ; mettons dans un alambic de verre et faisons distiller au bain-marie, mais de façon que l'alambic ne touche pas l'eau du bain. — La poudre se convertira de nouveau en eau si elle a été suffisamment calcinée ou pulvérisée. Le résultat de la distillation sera une quintessence : le lait de Vierge réel.

Recommandons encore que la fermeture des fioles et des alambics soit absolument hermétique.

Continuons par la fabrication d'un dissolvant très énergique de beaucoup de corps.

Prenons 1 partie de mercure sublimé, 1 partie de sel commun, 1 partie de sulfate de cuivre, 1 partie de sel ammoniaque très sublimé.

Broyons avec soin pour en faire une poudre fine, exposons pendant la nuit à l'air ou dans une cave froide. Cette poudre se convertira en eau, gardons cette eau dans un vaisseau de verre épais.

Nous terminerons l'exposé de ses quintessences minérales par la re-cette suivante que Rupe Scissa nomme « la très forte eau vertueuse outre-mesure » :

Prenons du bon tartre blanc[30] bien calciné ; mettons-le dans un vaisseau de verre avec de la quintessence d'alcool. Distillons ; il passera d'abord l'alcool très affaibli que l'on ôtera, le tartre aura absorbé la quintessence et sera fortifié.

Calcinons ensuite le tartre dans un fourneau à réverbère (voir p. 26) ; remettons de l'alcool, distillons, calcinons encore : le tartre sera à chaque fois plus fortifié. On doit s'attendre à ce que les vaisseaux se brisent. Il faut donc en avoir plusieurs sous la main.

---

30 Nous rappelons que le tartre, dépôt formé par le vin sur les cuves, contient du tartrate de potasse, de chaux, d'albumine : un peu de silice quand il est calcaire. C'est un sous-carbonate de potasse mêlé de chaux et de silice.

Prenons ce tartre fortifié, broyons-le au marbre, mettons-le dans la cave et il se convertira en eau. On conservera cette eau dans une fiole de verre très épais.

Cette eau guérit très rapidement plaies, eczémas, teignes, etc... (Je le répète : consulter toujours un médecin avant l'usage de ces remèdes.)

CHAPITRE VIII

QUELQUES REMEDES [31]

Nous avons déjà parlé d'un merveilleux reconstituant composé « d'or et de perles », dit Rupe Scissa.

Ne pouvant se servir de perles, on emploie la coquille d'huître passée au four et réduite en poudre. On joint à cette poudre du romarin, de la racine de lys également mise en poudre, et on mêle le tout à la quintessence aurifiée par le procédé décrit chapitre I.

Notre vieux maître dit que, si l'on prend la plante appelée chélidoine (la fleur), et qu'après en avoir extrait la quintessence, on la soumette encore à l'opération décrite à la page 50 [32], et qu'on en tire le feu, c'est-à-dire la partie la plus subtile, on n'aura qu'à ajouter cette dernière liqueur à l'élixir de perle pour obtenir un

---

31   Je suis la classification de Rupe Scissa et je fais un chapitre spécial de ces remèdes qui auraient pu se classer dans les quintessences.
32   En référence au manuscrit origianl (NdE).

breuvage tellement puissant, qu'il peut instantanément ressusciter un mort, c'est-à-dire faire cesser une léthargie grave ou un cas de mort apparente. Son pouvoir est même plus grand encore, mais il est mutile d'insister : on nous comprendra à demi-mot. C'est également un remède contre la lèpre.

EAU DE FRAISES

Contre les maladies de peau, purgeant les humeurs du sang. —Il faut prendre des fraises mûres, les mettre dans un bocal et laisser pourrir à la cave vingt et un jours ; faire circuler ensuite l'eau obtenue dix à quinze jours ; distiller enfin plusieurs fois au bain de sable d'après notre procédé ordinaire.

Cette eau peut servir pour les yeux, et sa force peut naturellement être beaucoup augmentée si on la mêle à la quintessence.

Pour faire engraisser, combattre l'anémie, la fatigue de croissance pour les enfants, fortifier même un phtisique ; il faut tirer de la quintessence de la chélidoine non plus le « feu », comme pour le premier re-mède, mais à l'air ».

Remède contre la neurasthénie, le déséquilibre mental, la tristesse sans cause apparente, des « saturniens ». — Il faut mélanger, à la quintessence la plante dite : fume-terre, le romarin, la fleur de bourrache.

Remède contre la peur, le manque de force morale. — Prenez de la racine d'angélique, du safran et, après en avoir tiré la quintessence, mélangez-la à la quintessence « d'or et de perles ».

Remède préventif contre, toute intoxication. — Mettre dans la quintessence : safran, noix, ail, rue, angélique, raifort et prendre par gouttes.

La quintessence du sang, indiquée plus haut, est très bonne contre la fièvre, même sans en boire. On n'a qu'à en frictionner longuement les artères radiales et temporales.

En mélangeant moitié par moitié la quintessence du sang avec notre alcool, nous aurons un très bon médicament contre *la fièvre continue.*

Pour combattre la fièvre aiguë et violente, mélangez avec de l'alcool, eau de rosés, eau de violettes et de bourrache.

Voici maintenant quelques autres fabrications très utiles et très dynamisées ; elles sont empruntées à *Fioraventi*, célèbre médecin italien.

Fabrication de la pierre philosophale, très utile dans beaucoup de maladies — Il faut prendre du salpêtre raffiné (l'azotate de potasse) de l'alun de roche, du vitriol romain (sulfate de fer), de chacun une livre. On fait ensuite dessécher le vitriol dans un pot de terre ; dès qu'il est sec, on le pile avec les autres substances et 125 grammes de sel gemme ; on distille ensuite à feu moyen en ayant soin de couvrir avec un linge mouillé les deux cornues. Laisser refroidir, garder à part en une fiole bouchée à l'émeri l'eau de distillation. On pile ensuite au mortier :

>   *Mercure purifié*. . . . ¼ *de litre.*
>   *Chaux vive*. . . . . . *100 grammes.*
>   *Savon noir* . . . . . . *25* —
>   *Cendres*. . . . . *128* —

On fait distiller à grand feu ; le mercure sort du récipient en premier lieu ; on l'ôte, et on le garde dans une bouteille de verre.

La troisième opération, consiste à mélanger le mercure et la première eau obtenue dans une cornue de façon qu'elle ne soit pleine qu'au tiers. Ajoutez limaille de fer 50 grammes et 125 grammes d'or en feuilles ; couvrez promptement, faites distiller jusqu'à siccité en gardant l'eau soigneusement. Brisez la cornue, vous trouverez au fond la pierre calcinée. Il faudra la mettre en poudre immédiatement et la conserver dans an sac de soie qu'on mettra, dans une bouteille bien hermétiquement bouchée.

CHAPITRE VIII

L'élixir de vie est aussi une liqueur très précieuse qui augmente la force curative de tous les médicaments et est un bon reconstituant, donné seul. En voici la formule :

Clous de girofle. Oliban. Noix muscade. Cannelle. Gingembre. Graine d'armoise. Galangua. Poivre blanc. Poivre noir. Graines de Genièvre. Écorce de citron. Écorce d'orange. Sauge. Romarin. Menthe. Marjolaine. Roses blanches. Bois d'aloès. Cardamone. De chaque 8 grammes.

Ensuite ¼ de livre de figues; grasses, de dattes, d'amandes fraîches; ajoutez une livre de miel, 4 grammes de musc, 4 livres de sucre; mettez cela ensemble (en ayant soin d'écraser, au préalable, les substances qui peuvent l'être) dans 5 litres, d'eau-de-vie ou mieux de notre quintessence. Laissez infuser vingt jours.

Faites ensuite distiller au bain-marie jusqu'à complète siccité, mettez l'eau du récipient à, distiller au soleil sur elle-même dans l'appareil n° 8, pendant deux mois si possible (ou au fourneau à huile).

Les plantes séchées, qui sont restées au fond de l'alambic, contiennent encore une vertu : au bain de cendres et à grand feu, elles donneront une eau rouge qui sentira mauvais et sera troublée. Il faudra aussi la faire circuler sur elle-même au soleil ou dans le fumier de cheval.

La première distillation prise de trois jours en trois jours est préventive de bien des maladies, conserve l'organisme en bon état; elle guérit très rapidement les plaies; elle est très bonne également pour beaucoup d'inflammations oculaires dans l'œil malade matin, et soir. Elle peut être employée dans beaucoup d'autres cas.

L'eau rouge sang prise par gouttes (4 ou 5 dans un verre d'eau) guérit les douleurs de la matrice et d'entrailles. Elle guérit la puanteur de l'haleine, les douleurs dentaires, etc.

Voici encore un médicament précieux: *l'eau royale*; on prend:
>Soufre jaune.
>Alun de roche.
>Sel gemme de chacun: 1 livre Borax
>(borate de soude) 70 grammes.

Mêler dans un mortier, piler en poudre fine, distiller au bain de sable d'abord, puis à grand, feu jusqu'à siccité. L'eau sort blanche et trouble; on la filtre et on la met dans une fiole bien bouchée; on y ajoute 20 centigrammes de musc détrempé dans l'eau de rose; on laisse refroidir, et le liquide deviendra très clair et de bonne odeur. On peut l'employer pour les plaies, les ulcérations de la bouche, trois ou quatre gouttes dans du bouillon, pour combattre la fièvre.

CHAPITRE VIII

Voici maintenant la manière de faire une liqueur appelée *baume*. On sait que les Anciens donnaient ce nom à toutes les résines liquides. Aujourd'hui, on ne nomme ainsi que les substances résineuses qui contiennent de l'acide benzoïque :

Térébenthine fine. 1 livre.
Huile de laurier. 4 onces (125 gr.)
Galanga. 3 onces (90 gr.)
Gomme arabique. 4 onces (120 gr.)
Oliban, Myrrhe, 3 onces (90 gr.)
Bois d'aloès, Galarigue, Clou de girofle, Cannelle, noix muscade, 1 once (32 gr.)
Gingembre, Musc fin, Ambre 3 grammes.

Piler soigneusement tout cela ensemble. Verser dessus 6 litres de quintessence (on peut naturellement diminuer ces quantités). Laisser re-poser pendant 9 jours. Distiller au bain de cendre à toute petite chaleur. Il sortira d'abord une eau blanche, continuant la même chaleur jusqu'à ce qu'une huile noirâtre commence à sortir ; changer alors le récipient, augmenter le feu le continuer. Il faut ensuite séparer l'huile de l'eau noire, garder chacune à part. On fait la même opération pour la première eau, et on garde à part.

La première eau blanche est bonne pour les yeux et pour la peau ; elle est diurétique, guérit les plaies et apaise la toux; l'eau noire guérit la teigne, la lèpre, toutes sortes de croûtes et d'ulcères. Non corrosive, s'emploie pure. L'huile de Baume guérit les plaies de la tête et bien d'autres maladies.

En continuant à explorer le trésor trop dédaigné de nos jours de l'ancienne pharmacopée, nous trouvons la recette suivante qui m'a paru intéressantes:

L'AROMATICUM DE LEONARD

Prenez 125 grammes de sucre fin en poudre, 1 gr. 30 de musc, de safran, de poudre de coquille d'huître, de bois d'aloès, de cannelle fine, 8 grammes de la pierre philosophale dont nous avons vu plus haut la fabrication.

Mélangez à l'eau de rose jusqu'à consistance solide (en tablettes) et gardez pour l'usage dans une boîte de bois bien fermée. Pour faire les tablettes (pulvérisez le tout, mêlez à un mucilage de gomme quand la pâte est bien liée; découpez en tablettes; faites séchera l'air libre sur un tamis et desséchez au four)

Pour s'en servir, on en délaie 4 grammes dans du bouillon, du vin ou de l'eau, elle constitue un vomitif et un purgatif doux.

L'ÉLECTUAIRE ANGÉLIQUE

C'est un bon remède contre la goutte. On en prend de trois jours en trois jours. Il est bon pour la toux, douleurs et fluxion, et se fait ainsi :
Safran, Bois d'aloès, Cannelle fine, Corail rouge, 10 grammes. Hellébore noir 60 grammes. Sucre rosat 125g. Musc 4g. Pierre philosophale 100g. Quintessence d'alcool 100g, et miel cuit, ce qu'il en faudra pour réduire le tout à consistance de conserve.

On place dans un pot de terre sur tout petit feu, en remuant sans arrêt ; laisser refroidir, et mettre dans un vase en verre.

La dose est de 4 grammes à jeun.

L'esquinancie est une affection inflammatoire de l'arrière bouche du pharynx, du larynx ou de la trachée-artère ; il y en a naturellement un très grand nombre de formes ; inutile de les rappeler ici : les Anciens avaient un curieux remède fait avec une dent de sanglier réduite en poudre. Ils mélangeaient cette poudre à 100 grammes d'huile de graine de lin, et le malade en prenait 4 grammes.

CONTRE LA RÉTENTION D'URINE

Graines d'orange, Petits citrons, une livre, Mélisse, Scolopendre, 200 grammes, Asperge, Cresson, Hysope, Racine de fenouil, Racine de persil, 200 grammes.

Bien écraser dans le mortier avec le jus des citrons, en faire une sorte de pâte liquide ; mettre à distiller dans un alambic (cornue de terre), garder l'eau qui sort dans un vase de verre bouché à l'émeri.

Quand on voudra soigner un malade, il faudra qu'il soit purgé et à la diète pendant un jour. Faire prendre, le lendemain matin la valeur de 150 grammes de cette eau, chaude, et le soir également. Éviter la viande pendant le traitement.

La recette suivante est une véritable préparation alchimique, c'est un puissant reconstituant :

Il faut piler en un mortier du tartre de vin blanc, de la térébenthine très claire, des feuilles d'aloès, de chacun 1 livre, jusqu'à en faire une pâte que l'on met ensuite à distiller en chauffant progressivement jusqu'à un feu assez fort pour que l'humidité soit entièrement sortie. On remet alors dans la cornue le produit de la distillation, et l'on, recommence.

Il faut augmenter le feu à la fin de la distillation, de sorte que les fèces soient bien brûlées et bien sèches. On les retire ensuite pour les piler de nouveau avec l'eau de distillation, et on remet le tout à distiller dans une autre cornue. Il est nécessaire d'avoir beaucoup de patience, car il faut refaire cette opération Jusqu'à 15 et 20 fois.

On obtient alors des fèces absolument blanches comme du sel ; On les met sur le marbre à la cave et elles donnent une eau très précieuse et limpide que l'on garde dans un flacon bouché à l'émeri.

C'est l'eau de pierre végétale dont 1 gramme suffit pour produire des résultats merveilleux.

On prend ce médicament à jeun mélangé à un julep simple (sirop de gomme), 60 grammes, ou à du vin sucré.

C'est un excellent remède contre les vers : il modifie le foie, guérit la rate, la toux ; de plus, il est très diurétique.

La mercuriale est une plante de la famille des Euphorbiacées (on sait que ce sont des plantes dangereuses, en raison du suc laiteux très caustique qu'elles contiennent). On doit donc la manier avec précautions. Il faut la cueillir au mois de mai. On en prend une assez grande quantité de façon à en avoir le suc, qu'on filtre.

On mélange, dans un vaisseau de verre bien bouché et luté, une demi-livre de ce suc clarifié, 250 grammes de sirop de gomme, 200 grammes de notre quintessence, 8 grammes d'acide sulfurique.

On expose au soleil ou à la chaleur concentrée de notre fourneau à huile, pendant quarante jours. Si on le met au soleil, il faut le rentrer la nuit.

Prendre 5 à 6 gouttes dans du bouillon, quatre heures avant de manger pendant deux mois.

AUTRE RECETTE D'OR POTABLE ET MANIÈRE DE S'EN SERVIR

On prend 100 grammes d'or en feuilles, qu'on glisse dans quatre ouvertures faites dans une poule grasse encore chaude ; on met la poule ainsi préparée dans une marmite de terre épaisse, dans un endroit tiède pendant trente-six heures. L'or sera dissous par ce simple procédé. On distillera ensuite trois ou quatre fois de l'eau de miel, et on en lavera avec soin la poule, enlevant ainsi tout l'or. Si l'on obtient, par exemple, 1 litre d'eau dorée, il faut y ajouter 1 litre de quintessence d'alcool et 4 grammes de sel ammoniac. On met ensuite à circuler dans un grand ballon à long col d'une contenance double, sur le bain de sable avec gaz au bleu, ou sur notre fourneau à huile, pendant trois mois. Tous les mois il faudra écumer la surface du liquide gardé dans une fiole de, verre bouchée à l'émeri. Au bout des trois mois, distillez ce qui restera dans la cornue au bain de sable, après y avoir versé un demi-litre d'eau-de-vie fine. Chauffer plus fort et tout ce qui passera, mélangez-le à ce que vous aurez retiré, et mis à part. Distillez au bain-marie, et remettez circuler encore vingt-cinq jours. Cette préparation est longue, mais elle n'est ni coûteuse ni très difficile.

On administre 4 grammes de cet élixir dans 30 grammes de sirop de violette, ou tout autre sirop, au choix, également dans du thé, du café ou du chocolat. Il trouve son emploi dans les syncopes, les accouchements difficiles, les apoplexies, après un traumatisme, pour combattre les convulsions des enfants, etc.

EAU DISTILLÉE DE MIEL

On met dans une cornue munie de son récipient et d'une contenance de 4 litres, une livre de miel le meilleur possible. On recouvre avec un linge mouillé et on chauffe modérément au bain de sable. Il distille des vapeurs blanches qui se convertissent en eau rouge sang, on met cette eau dans une fiole bien bouchée, et on laisse reposer. Elle se clarifie et prend une couleur rubis. On la redistille alors six ou sept fois, et elle devient de couleur d'or. Cette quintessence a une très bonne, odeur et dissout l'or. Si on en donne une vingtaine de gouttes à un malade très affaibli, il re-prend très rapidement ses forces. On guérit aussi, avec cette eau, les plaies, les ulcères, la toux, la paralysie.

HUILE EXCELLENTE POUR GUÉRIR LES PLAIES DE LA TÈTE, FAIRE REPOUSSER LES CHEVEUX ET LA BARBE ET CONTRE LA RÉTENTION D'URINE

Prenez :

> Blancs d'œufs durs. . . . 400 gr.
> Térébenthine claire . . . 450 gr.
> Myrrhe . . . . 100 gr.

Mélangez bien, mettez à distiller à tout petit feu, et augmentez peu a peu, jusqu'à ce que tout ce qui pourra passer sorte. Il y aura une, substance huileuse, dans le récipient, mélangée à de l'eau. Séparez l'huile et conservez-la dans une fiole de verre.

CHAPITRE VIII

EAU POUR CONSERVER LA VUE ET NETTOYER LES TACHES DES YEUX

Prenez 6 litres de vin blanc, 2 livres de mie de pain bien levée, 125 grammes de chélidoine, de fenouil, d'amandes de pin, 16 grammes de girofles. Distillez dans une cornue munie de son récipient assez longtemps pour obtenir au moins 2 litres d'une eau qu'il faudra garder soigneusement. Si on veut qu'elle ait plus de vertu, on la fera circuler sur elle-même pendant plusieurs jours.

HUILE DES PHILOSOPHES (TÉRÉBENTHINE ET CIRE)

Cette huile est baume de très grande vertu, car elle est faite de deux matériaux presque incorruptibles. Il faut mettre à distiller, en lutant soigneusement :

    Térébenthine claire . . . . 500 gr.
    Cire jaune odorante . . . . 450 gr.
    Cendres de sarment de vigne . . 150 gr.

Il faut donner assez de feu pour que tout sorte ; on verra alors la cire coagulée sur le col de la cornue. Faire ensuite circuler et conserver dans un vaisseau de verre, très bien bouché. En s'en frottant tout le corps une fois par mois, on enlève toute fatigue, et on conserve longtemps la souplesse de la jeunesse. Cette eau guérit les plaies rapidement. Les rétentions d'urine les plus fortes cèdent immédiatement en en prenant 8 grammes, ainsi que les toux opiniâtres. Il faudrait en avoir toujours avec soi, tellement elle peut être utile.

LA GRANDE LIQUEUR DE LÉONARD

Pour composer ce précieux remède, il faut beaucoup de temps et de soin.

Mélangez 10 litres d'huile commune et 1 litre de vin blanc. Faites bouillir ensuite jusqu'à ce que le vin soit évaporé. Mettez l'huile ainsi préparée dans un pot de terre. Enterrez le pot dans la cave ou au jardin, si possible pendant six mois, à une profondeur de 2 mètres, après y avoir ajouté 3 livres de fleurs de romarin, 200 grammes de bois d'aloès, 300 grammes de gomme arabique (Bdellium). — Si possible enterrez-le au commencement d'août pour le déterrer en février.

Sitôt sorti de terre, ouvrez le vase, ajoutez, une poignée de sauge, romarin, rue, millefeuille, racines de grande consoude, 30 grammes de galanga, girofles, noix muscade, safran, 60 grammes de mastic ; sang de dragon, 250 grammes d'aloès hépatique et de mie de pain, une demi-livre de cire jaune et de poix grecque, 4 grammes de musc. Mélangez bien et faites bouillir au bain-marie jusqu'à ce que les plantes soient bien desséchées. Retirez, ajoutez 10 grammes du baume décrit plus haut, passez dans un linge fin, filtrez et conservez dans une fiole bien bouchée. Cette liqueur guérit l'hydropisie, la fièvre hectique (fièvre qui se déclare dans la dernière période des maladies organiques) : la dose est 10 grammes le matin à jeun dans une boisson chaude, pendant quarante jours. Avec cette liqueur, employée chaude, en pansement, on guérit rapidement les plaies, la teigne, le rhume de cerveau, les catarrhes. Elle est diurétique, fait croître les cheveux, etc.

HUILE DE MYRRHE
(PRODUIT DE BEAUTÉ)

Prenez 180 grammes de myrrhe choisie et mettez-les dans 400 grammes de notre quintessence d'alcool, et faites circuler dans le ballon à long col ou l'appareil (fig. 8). Distillez ensuite au bain de sable jusqu'à ce que toute l'eau passe. Il restera au fond de la cornue une huile qu'on filtrera au linge. Pour s'en servir, exposer le visage et les mains à la vapeur d'eau d'ortie et enduire avec l'huile de myrrhe. On pourra aussi guérir des maux d'oreilles avec un peu de coton imbibé de ce remède.

ÉLECTUAIRE DE SOUFRE

Incorporez *sans feu* : 1 livre de soufre en poudre, 16 grammes de cannelle, 1 de safran, 8 grammes de gingembre, 7 centigrammes, de musc que l'on aura fait infuser dans l'eau de rose, autant de bon miel que nécessaire. Garder dans un endroit sec.

On en prend le matin à jeun 3 ou 4 grammes. Ce remède dessèche les boutons, est diurétique, dissout la pierre, guérit la toux et excite l'appétit.

Je terminerai ces quelques recettes curieuses et bien oubliées de nos jours, par une ou deux préparations tirées de Lémery, préparations si connues et si célèbres dans le passé, que mon travail ne serait pas complet sans elles. Je veux parler de la fameuse Eau de la Reine de Hongrie et des remèdes à base de cornes de cerf que certains renseignements sûrs me permettent d'affirmer excellents.

CHAPITRE VIII

EAU DE LA REINE DE HONGRIE

Pour faire cette eau célèbre, on remplit à moitié une grande cornue avec récipient, de fleurs de romarins putréfiées ; on verse de notre quintessence sur les fleurs de façon à les recouvrir ; puis, on fait digérer doucement au fourneau à huile pendant trois jours sans déluter les cornues ; on verse ce qui aura pu passer, du récipient dans la cornue, on augmente le feu et on distille plus vivement jusqu'à ce qu'on ait retiré environ les deux tiers ; on trouvera alors une excellente liqueur qu'on conservera dans une fiole bien bouchée.

Ce remède donne d'excellents résultats dans les palpitations, la paralysie, l'apoplexie, les syncopes, les maladies nerveuses, et extérieurement pour les brûlures, les contusions, etc.

PRÉPARATIONS À BASE DE CORNE DE CERF

Ces cornes, râpées, étaient employées en poudre, dans des tisanes, pour guérir les diarrhées, les vers, les crachements de sang. On préparait aussi des gelées, en faisant bouillir très longtemps dans l'eau.

L'eau de corne de cerf est ainsi faite : on choisit des cornes tendres qui croissent au printemps, on les coupe par tranches minces, on les met dans une cornue à récipient, on lute avec soin et on distille tout ce qui peut passer de liquide. Il faut employer le bain-marie ou la vapeur.

Il faut mettre en digestion cette eau avec un peu de cannelle, d'écorces d'oranges et de vin blanc. Après une digestion de deux ou trois jours, distiller-le tout à faible chaleur, qu'on augmentera vers la fin.

1. Je suis la classification de Rupe Scissa et je fais un chapitre spécial de ces remèdes qui auraient pu se classer dans les quintessences.

CHAPITRE IX

LISTE DES PRINCIPALES PLANTES CLASSÉES PAR COMPLEXION

On sait que du chaos primordial sont nés quatre éléments ou principes dont l'interaction produisit sur notre terre les germes de tous les corps. Les Anciens admettaient que quatre éléments se trouvaient unis en l'homme et formaient les quatre tempéraments ou complexions : feu, air, eau, terre, — bilieux, sanguin, lymphatique, nerveux.

Chaque tempérament étant sujet à des maladies particulières, on avait classé ces dernières d'après les mêmes principes. Il y avait donc des maladies de feu, de l'air, de l'eau et de la terre, participant aux quatre qualités élémentaires : le chaud, le froid, l'humide, le sec, chaque élément ayant sa qualité propre, plus une qualité empruntée à l'élément voisin.

Les maladies de feu étaient donc : chaude-sèche.

— de l'air — chaude-humide.
— de l'eau — froide-humide.
— de la terre — froide-sèche.

D'après O. Ferrier, voici quelles étaient les maladies les plus fréquentes dans chaque tempérament (*Tableau 1*).

Pour soigner les maladies, on usait de plantes de qualités opposées : contre les maladies chaudes, des plantes froides, contre les maladies humides ; des plantes, sèches, etc.

Voici, d'après Rupe Scissa, une liste très complète de plantes classées suivant leurs qualités élémentaires, Il faudra en tirer la quintessence et la mêler à l'alcool. On consultera avec fruit, pour compléter ces notions, le beau travail de Sédir sur les plantes magiques.

PLANTES CHAUDES

Bourrache, fumeterre, guimauve, aigremoine, camomille, coriandre, cuscute, basilic.
Graines : semence de guimauve, de trèfle, de rue.
Fleurs : cresson, safran, camomille.
Racines : glaïeul, aristoloche.

PLANÈTES	ÉLÉMENTS	TEMPÉRAMENT	MALADIES
Saturne	Terre et Eau	Lymphatique nerveux	Froides-sèches ou humides. Voies respiratoire, lèpre, diarrhée, hernie, sciatique, neurasthénie, ophtalmie.
Jupiter	Air	Sanguin pur	Chaudes-humides Pleurésie, convulsion, apoplexie, phlegmons, maladies du sang et de la peau, insomnies.
Mars et Soleil	Feu	Bilieux purs	Chaudes-sèches. Fièvre continue, maladies épidémiques, migraines, pustules, furoncles, jaunisse, dysenterie, néphrite.
Vénus	Air et Feu	Sanguin lymphatique	Humides-chaudes-froides Fistules, faiblesse d'estomacs, des reins, impuissance, syphilis.
Mercure	Eau et Terre	Lymphatique nerveux	Froides-humides ou sèches Vertiges, paralysie de la langue, phtisie, ulcères des jambes et des pieds, constipation.
Lune	Eau	Lymphatique pur	Hydropisie, podagre, paralysie, catarrhe, tremblement des membres, vomissement, pauvreté du sang, vers, fistules

TABLEAU I

Fruits: mûres *(qui ne soient plus vertes)*, amandes douées, olives, figues, châtaignes, avelines, écorces, citrons.
Feuilles: laurier, girofles.
Graines: froment, pois blancs.
Gommes: musc.
Herbes: rue sauvage, cresson.

PLANTES FROIDES

Herbes: rave, raifort, mercuriale, oseille, choux, mauve, endive, rhubarbe, pourpier.
Semences: mauve, plantin, rosés, endives, melon.
Fleurs: rosés, amandes, violette, citron, saule.
Feuilles: myrte.
Fruits: glands, chair de citron, olives, prunes vertes, coings, poires, cerises, mandragores.
Grains: orge, millet, myrte.
Sucs: la casse, vinaigre, camphre, sang de dragon.

PLANTES SÈCHES

Herbes: Camomille, joubarbe, fenouil, chou, quintefeuille, menthe sauvage, morelle, cardamine, poireau, safran, œillets, lavande.
Semences: persil, carotte sauvage, coriandre, basilique, endive, citron, melon, cardamine, ache.

Fleurs: roses, safran de jardin, concombre, myrte, grenade, asphodèle.

Racines: ache, persil, fenouil, câprier, grenadier, glaïeul de rivière, arum, aristoloche, basilic, sauge, plantin, pivoine, centaurée.

Bois: rhubarbe, aloès.

Feuilles: saule, myrte, serpentine, tamarin, laurier, olivier, coloquinte, citron, menthe.

Fruits: amande amère, citron, mûres vertes, coings, poires, châtaignes, pommes de pin.

Graines: millet, épine-vinette, myrte.

Gommes-sucs: encens, aloès, myrte, miel, ammoniaque.

PLANTES HUMIDES

Semences: guimauve, arroche, mercuriale.

Fleurs: fèves, nénuphar.

Racines: jonc.

Bois: réglisse.

Fruits: mûres (qui soient mûres), raisins mûrs, prunes, dattes, cerises, noix.

Graines: fèves vertes, poivre, pois blancs.

Gommes: gomme arabique.

Herbes: guimauve, laitue commune, pourpier.

CONCLUSION

Me voici parvenu au terme de mon travail. — Ai je atteint le but que je m'étais fixé ? Au lecteur de le dire.

J'ose cependant espérer que, s'il a bien compris les principes longuement développés dans les premiers chapitres, s'il sait se contenter du peu que je lui offre, être patient et calme, il recueillera bientôt le prix de ses peines et réussira à fabriquer des élixirs très puissants qu'il ne trouverait nulle part à notre époque.

Lorsqu'il aura vaincu les premières difficultés matérielles, il ressentira bien vite les charmes des travaux de laboratoire et se passionnera j'en suis sûr, pour son œuvre.

Avec quel plaisir ne suivra-t-il pas les transformations des substances placées dans ses cornues ? Et lorsqu'il verra quelques gouttes de ses quintessences ramener la santé, avec une rapidité merveilleuse, chez des pauvres malades, il oubliera vite ses premières déceptions et ne songera qu'à essayer de nouvelles formules pour faire plus de bien encore, Je ne me dissimule aucunement les imperfections de ces quelques notes, elles n'ont d'ailleurs aucune prétention, et leur seul mérite est, je pense, d'être claires, simples et à la portée de tous. Telles qu'elles sont, elles pourront faciliter les commencements des étudiants qui seraient attirés vers les réalisations de l'art spagyrique : c'est là mon seul espoir et mon seul but.

Beaucoup d'amis et des Maîtres m'ont aidé de leurs bienveillants conseils au cours de mon travail, je leur en adresse ici tous mes remerciements.

G. PHANEG.

Juillet novembre 1911.

NOTE SUR LA PRÉPARATION MODERNE DES QUINTESSENCES ANIMALES

L'opothérapie utilise, pour la fabrication de la néphritine, les reins de mouton ou de porc; pour la thyroïdine, les glandes thyroïdes du mouton. Pour l'adrénaline, les glandes surrénales du mouton. Les glandes sont mises à macérer à l'abri de l'air dans de l'eau distillée à 40°. On sépare après quelques heures de digestion le liquide par expression, et on le concentre jusqu'à consistance sirupeuse. On reprend par l'alcool à 95°, on filtre et on concentre à nouveau jusqu'à consistance voulue. Pour la thyroïdine les glandes fraîches, — crues ou légèrement grillées, — sont passées à l'éther pour les dégraisser et baignées dans l'alcool à 95°. Le liquide est ensuite desséché, filtré, dans le vide à basse température; on réduit enfin l'extrait en poudre qui peut se mêler au bouillon, au lait ou s'introduire dans pastille.

TABLE DES MATIÈRES

LETTRE PRÉFACE 5
PRÉFACE : L'ALCHIMIE 7

LA PIERRE PHILOSOPHALE

I. QU'ENTEND-ON PAR PIERRE PHILOSOPHALE ? 13
    Fabrication de la pierre philosophale 16
    Les couleurs 17
    Explication des textes alchimiques 18
II. LA CHIMIE ACTUELLE PERMET-ELLE DE NIER L'EXISTENCE DE LA PIERRE PHILOSOPHALE ? 22
III. PREUVES DE L'EXISTENCE DE LA PIERRE PHILOSOPHALE DISCUSSION DE LEUR VALIDITÉ. 25

CINQUANTE MERVEILLEUX SECRETS D'ALCHIMIE

AVANT-PROPOS 39
CHAPITRE I 45
    Première expérience 57
    Peuxième expérience. 58
    Troisième expérience 65
CHAPITRE II — LES ANCIENS APPAREILS DES HERMÉTISTES . 67
    Planche première 81
    Planche 2 83

Planche 3 85
Planche 4 87
CHAPITRE III — LE LABORATOIRE MODERNE ADAPTATION. . 89
    Appareils de lixiviations et digestions 99
CHAPITRE IV — PRÉPARATION DE L'ALCOOL 107
CHAPITRE V — QUINTESSENCES ANIMALES 119
    Quintessence du sang et des parties liquides 121
CHAPITRE VI — QUINTESSENCES VÉGÉTALES. 125
    Reconstituant merveilleux. 131
    Quintessence attractive pour attirer les corps étrangers hors d'une plaie 131
CHAPITRE VII — QUINTESSENCES MINÉRALES 135
    Quintessence de l'or potable. 137
    Autre recette d'antimoine 141
    Teinture d'antimoine 142
    Verre d'antimoine 143
    L'acétone d'antimoine 144
    Quintessence de mercure 146
CHAPITRE VIII — QUELQUES REMEDES. 151
    Eau de fraises 152
    L'aromaticum de leonard 158
    L'électuaire angélique 159
    Contre la rétention d'urine 160
    Autre recette d'or potable et manière de s'en servir . . 162
    Eau distillée de miel. 163

TABLE DES MATIÈRES

Huile excellente pour guérir les plaies de la tête, faire repousser les cheveux et la barbe et contre la rétention d'urine. 164
Eau pour conserver la vue et nettoyer les taches des yeux 165
Huile des philosophes (Térébenthine et cire) 165
La grande liqueur de léonard 166
Huile de myrrhe (produit de beauté) 167
Électuaire de soufre 168
Eau de la reine de hongrie. 169
Préparations à base de corne de cerf. 169

CHAPITRE IX — LISTE DES PRINCIPALES PLANTES CLASSÉES PAR COMPLEXION 171
Plantes chaudes 172
Plantes froides. 174
Plantes sèches 174
Plantes humides 175

CONCLUSION 177
NOTE SUR LA PRÉPARATION MODERNE DES QUINTESSENCES ANIMALES 179

www.ingramcontent.com/pod-product-compliance
Lightning Source LLC
Chambersburg PA
CBHW060531100426
42743CB00009B/1489